职场选择与能力建设

张仁峰 著 ■

山西出版传媒集团

山西人民出版社

图书在版编目（CIP）数据

职场选择与能力建设 / 张仁峰著. -- 太原 ： 山西

人民出版社，2025. 6. -- ISBN 978-7-203-13986-7

Ⅰ. G647.38

中国国家版本馆 CIP 数据核字第 20254CL150 号

职场选择与能力建设

著　　者：	张仁峰
责任编辑：	魏　红
复　　审：	刘小玲
终　　审：	梁晋华
装帧设计：	李　颖

出　版　者：	山西出版传媒集团·山西人民出版社
地　　　址：	太原市建设南路 21 号
邮　　　编：	030012
发行营销：	0351 - 4922220　4955996　4956039　4922127（传真）
天猫官网：	https://sxrmcbs.tmall.com　电话：0351 - 4922159
E - mail ：	sxskcb@163.com　发行部
	sxskcb@126.com　总编室
网　　　址：	www.sxskcb.com

经　销　者：	山西出版传媒集团·山西人民出版社
承　印　厂：	山西省教育学院印刷厂

开　　本：	890mm×1240mm　　1/32
印　　张：	9.75
字　　数：	150 千字
版　　次：	2025 年 6 月　第 1 版
印　　次：	2025 年 6 月　第 1 次印刷
书　　号：	ISBN 978-7-203-13986-7
定　　价：	78.00 元

如有印装质量问题请与本社联系调换

序 言

仰望星空
是人类与生俱来的权利和本能
也是人之为人的价值所在
是谁？是什么？
遮住了我们的眼睛
看着昏暗
寻找光明
当下
放下
万籁俱静

回想 1999 年，那个时候真是幸运，本人吉林大学本科毕业，不知道职场为何物，没有投过简历，没有跑过人才市场，反而手里拿到了好几个很不错的 offer。现在回想起来，真不可思议。再回首之后 25 年的职业生涯，用一个词来概括，还是幸运。

幸运来自时代。一个农民的孩子，本来一无所有，但竟能考上重点大学，后来到中央国家机关工作，干到处长、副司长。如果没有公平正义的大环境，怎么可能？而且我身边有同样经历的大有人在。

幸运来自奋斗。1999 年，在我即将跟有关单位签约的时候，我们院领导跟我说有个机会，推荐我报考国家行政学院青年干部培训班，不过很难考，面向全国重点大学只招录 30 个人，建议我试试。我说好呀，试试就试试。于是每天花十四五个小时学习备考，走出考场的时候，感觉身体都虚脱了。结果竟然考上了。这给我的启发就是，只要有 1% 的希望，就要投入 200% 的努力。

幸运来自贵人。一路走来，有多少贵人相助，甚为感动。求学期间，遇到了那么多好老师、好同学；工作期间，遇到了那么多好领导、好同事。他们帮助我解疑释惑、指引方向，给予我力量支持、精神慰藉，至真至贵，铭记感恩。

幸运来自认知。本人 20 多年的职业生涯还是非常顺利的，我觉得关键还是在于不断学习提升认知。只有这样才能做到德位相配，人事相宜。尤其是 20 余年中央组织人事部门工作经历，见过太多别人的职业生涯故事，更加坚信了这一点。所以才动了写此书的念头，总结一些有规律性的东西，与大家分享探讨。

声明两点，一是本书不做学术式的讨论，请不要用所谓的学术严谨性来要求。德国诗人歌德在其名著《浮士德》中，对一个提出各种奇思怪问的青年说："亲爱的朋友，一切理论都是灰色的，唯生命之树常青。" 二是本书不侧重于具体细节性操作，比如如何写好简历、如何回答面试提问、如何谈薪酬福利待遇等，这方面的经验在网上大把大把的。当然，本人在这方面也有不少经验。如果有缘，可以线下探讨。那侧重于什么呢？是来自实践的职场选择和能力建设建议。

最后，祝愿大家始终与幸运相伴。

是为序。

目录

第一章　工作是什么，人为什么要工作 ·············· 1

　　第一、工作是饭碗，是谋生手段 ············ 4

　　第二、工作是价值创造与交换 ············ 4

　　第三、工作是收入分配机制 ············ 5

　　第四、工作是社会化平台 ············ 6

　　第五、工作是必经的修行道场 ············ 7

第二章　闭门造车，开门茫然 ············ 11

　　莫名的起跑线 ············ 11

　　做个有志青年 ············ 16

　　大学生就业的形势特点 ············ 20

第三章　大学生该如何选择就业 ············ 28

　　就业指导 ············ 28

一、认清运行逻辑变化 ……………………… 31

二、认清你自己的条件 ……………………… 32

三、地域，地域，还是地域 ……………… 33

四、朝阳行业具有可积累性 ……………… 35

五、平台真的非常重要 ……………………… 35

六、始终保持阳光心态 ……………………… 36

七、树立终身学习理念 ……………………… 37

第四章　社会化，通用能力素质模型 ……………… 39

什么是能力 ……………………………………… 42

一、懂政治能力 ……………………………… 43

二、明经济能力 ……………………………… 46

三、做好人能力 ……………………………… 48

四、正情怀能力 ……………………………… 54

五、勇奋斗能力 ……………………………… 56

六、善调心能力 ……………………………… 59

第五章　体制内的积极稳妥 ……………………… 63

为什么要考中央国家机关公务员？ ………… 63

如何看待公考热？ ……………………………… 64

什么是体制内？ ………………………………… 67

体制内工作的特点 ……………………………… 70

一、旗帜鲜明 ………………………………… 70

二、力量强大 ·············· 73

三、组织有序 ·············· 74

四、稳中求进 ·············· 78

第六章　体制内工作能力素质模型 ·········· 82

第一、信念坚定能力 ············ 86

第二、为民服务能力 ············ 87

第三、勤政务实能力 ············ 87

第四、敢于担当能力 ············ 88

第五、清正廉洁能力 ············ 89

第六、机关三办能力 ············ 94

少点阴谋思维，多些阳谋努力 ········ 107

第七章　体制外的自由精彩奔放 ········· 115

体制外工作特点 ············· 115

一、营利为本，强者生存 ········· 115

二、结果导向，向死而生 ········· 118

三、自由灵活，海阔天空 ········· 120

四、无依无靠，自我承担 ········· 121

体制外工作能力素质模型 ·········· 122

一、主动规划能力 ············ 122

二、生存进化能力 ············ 124

三、构筑壁垒能力 ············ 127

四、互助整合能力 …………………………………… 130

五、行善守正能力 …………………………………… 132

六、东山再起能力 …………………………………… 135

第八章　体制内外：在围城中内卷张望 ………… 140

内卷是人类的癌细胞 ………………………………… 140

透过窄窄的门缝 ……………………………………… 146

内卷三角恋 …………………………………………… 150

与领导的关系：忠诚 ………………………………… 151

与同事的关系：团结 ………………………………… 158

与下属的关系：真诚 ………………………………… 162

第九章　创业是另一种磨炼 ……………………… 169

一块钱的拐点 ………………………………………… 169

不要轻易创业 ………………………………………… 170

不要陷入庞氏骗局 …………………………………… 173

要做真正的领导者 …………………………………… 177

第十章　踏好节奏，勇毅前行 …………………… 183

逃不掉的成住坏空，修炼金刚之心 ………………… 186

工业革命必须逆行，修炼敏锐之心 ………………… 193

告别狗血中年危机，修炼担当之心 ………………… 196

人老不以筋骨为能，修炼智慧之心 ………………… 206

第十一章　挑战自我，回头是岸·······························219

　　与自己的关系：挑战 ·······························220

　　淡化：名利权情 ·······························222

　　追求：大道为公 ·······························229

　　回归：美感与灵性 ·······························233

第十二章　诗意栖居 ·······························241

第一章 工作是什么，人为什么要工作

我们从小就学习马克思主义，印象最深之一就是马克思关于劳动的论述，劳动是人自我确证的本质，突出了劳动塑造人、发展人的作用。他认为，劳动对人类历史所具有的前提意义，不仅表现在人类起源方面，而且表现在人的现实生成方面，它构成了人类赖以存在的必要条件，而人也在劳动中不断丰富自我、成就自我。正是基于劳动对人的本质及其存在发展所具有的决定性意义，恩格斯深刻地指出"劳动创造了人本身"。

然而，劳动自古以来却并不完全是一个愉快的过程。因为劳动关系决定了劳动者的获得感和幸福感。在奴隶社会，劳动者是奴隶，根本无自由、平等和人权可言，其本身就是奴隶主的财富，更是奴隶主进一步获得财富的工具。封建社会，因为绝大多数劳动者不占有土地，所以劳动者也没有讨价还价的余地。自由竞争的资本主义时期，劳动者被"圈地运动"赶进城市，赶进工厂，成为被剥削的工人，幸好，工业时代需要协作，造就了工人阶级，造就了工会，于是，有组织的劳动者才有了跟资本家谈判的筹码和力量，如谈得成，就保持动态平衡继续发展；谈不成，工人阶级就会起来革命，直接改变生产关系。后来，政府出面来调节劳动关系。1871年英国通过了第一部《工会法》，认可了工会的合法地位，并保护了工会会员的权益。这标志着劳动关系开始向更加平等和合理的方向发展。1935年美国通过了《美国劳动关系法》，明确规定了劳工组织和雇主之间的关系，确立了劳动者的团结权和集体谈判权。再后来，随着经济全球化，跨国公司快速发展，劳动关系成为了国际性问题，而且在各个国家，劳动关系越来越走向规范化、制度化、法制化。1946年12月14日，国际劳工组织成为联合国的一个专门机构。其宗旨是：促进充分就业和提高生活水平，促进劳资合作，改善劳动条件，扩大社会保障，保障劳动者的职业安全与卫生，获得世界持久和平，建立和维护社会正义。其主要活动是：从事国际劳工立法，制定公约和建议书；提供援助和技术合作。其最高权力机构是国际劳工大会，每年开会一次。中国是国际劳工组织的创始成员国之一。1944年，中国被列为10个主要工业国之一，成为理事会常任政府理事。1971年，国际劳工组织恢复中华人民共和国合法席位。1983年，中国正式恢复在该组织的活动。中国重视并积极参与劳工组织的各项活动，与其保持着良好的合作关系，出席了历届劳工局理事会以及国际劳工大会。迄今中国共批准了 28 项国际劳工公约。2023 年 6 月 5 日至 6 月 16 日，第 111 届国际劳工大会在日内瓦召开，中国代表团团长、人力资源社会保障部部长王晓萍代表中国出席全会并发言。

我们再回到伟大的马克思。

马克思在《哥达纲领批判》中指出：

在共产主义社会高级阶段上，在迫使人们奴隶般地服从分工的情形已经消失，从而脑力劳动和体力劳动的对立也随之消失之后；在劳动已经不仅仅是谋生的手段，而且本身成了生活的第一需要之后；在随着个人的全面发展生产力也增长起来，而集体财富的一切源泉都充分涌流之后，——只有在那个时候，才能完全超出资产阶级法权的狭隘眼界，社会才能在自己的旗帜上写上：各尽所能，按需分配！（《马克思恩格斯选集》第 3 卷第 12 页）

马克思的这段话，很经典，很令人向往，向往劳动能够真正成为生活的第一需要，向往真正实现"各尽所能，按需分配"。但是，时机未到，我们还要耐心等待，至少可以期待美好蓝图在局部或个体方面得以实现。这段话，也基本上回答了工作是什么，为什么要工作。再结合当下实际和本人体会，答案也许应该包含但不限于以下方面的内容：

第一、工作是饭碗，是谋生手段

这是最基本的。不工作，不挣钱，吃啥喝啥？这是我们赖以生存的基本物资保障。过去农耕时代，我们有农忙、农闲之分，不像现在，每天都得面对朝九晚五、甚至996、甚至007，没有办法，只能直接面对直接承担。这是绝大多数人都不能逃避的现实问题。当然，我们不要和极少数人去攀比，他们可能有雄厚的家业基础，可以不工作而衣食无忧，甚至可以挥霍无度，这岂能攀比？存在即合理，各有其福。当然，这极少数人中，也并非都是这样生活，他们有的可能有了更高的追求，比如我们熟知的李叔同，也就是弘一法师。

第二、工作是价值创造与交换

这也许是工作更为本质的东西。在职场上，我们如果不创造价值，那么我们就没有价值，就随时会被优化掉，说好听点叫优化，其实直接点、粗暴点说就是被炒鱿鱼、被干掉了。这是有点残酷，但是知死而后生。所以，毫无疑问，我们要在一个组织中、一个公司中，努力创造出我们的价值，它可以是简单的体力劳动价值或复杂的脑力劳动价值，也可以是马克思所说的剩余价值，总之无论如何你总得有点价值，才有交换的基础和资本，否则饭碗何存？当然，上面说的好像有些悲观，但它可能是底层逻辑。说得更高大上点儿，我们只有努力地创造价值，才能更好地贡献社会。其实，知道了真相，知道了底线，并不是什么坏事儿。

人不能独立存在，你的价值何在？那就是要能给社会创造价值，为他人创造价值，这种价值是多方面的、有正有反的，有阴有阳的。正的好理解，那就是创造正能量、创造阳光，创造一种有用的物质或服务，更高地创造一种价值观、一种文化，例如历代的圣贤。反的方面，比如当一个小人、做一个坏蛋，也有他的价值，他给我们一种警诫，一种反面的激励，从某种意义上讲，这也是健康生态系统的必然需要，所以我们也要感谢他们。只不过，我们自己力争不要扮演这个角色。

第三、工作是收入分配机制

我们强调"坚持按劳分配为主体、多种分配方式并存，构建初次分配、再分配、第三次分配协调配套的制度体系"。这里的"按劳分配为主体"就是我们日常说的就业、工作。这是主体。国家层面强调"提高劳动报酬在初次分配中的比重。坚持多劳多得，鼓励勤劳致富，促进机会公平，增加低收入者收入，扩大中等收入群体"，这些政策如何落地，一方面靠国家宏观政策调控，另一方面就是靠我们每一个职场人的踏实工作、勤劳努力，这样才能得到报酬。对职场中的个体而言，这是一个值得思考的问题，看看我们在收入分配制度体系中的位置，我们究竟是按劳分配的那拨人，还是初次分配、再分配、第三次分配的那拨？还是其他的分配形式？从某种程度上讲，这是食物链的不同层级。其实我们都有一个不敢公开言说的目标，那就是努力成为"不劳而获"的那拨人。这个想法并不可耻。所以，你始终有努力的空间，所以你要选择不同的职场定位，并为之不懈奋斗。

第四、工作是社会化平台

社会性是人最重要的属性。马克思说人的本质，不是单个人所固有的抽象物，在其现实性上，它是一切社会关系的总和。这里我们姑且不去探讨其深层次的意义，仅就我们个人日常生活中的体会而言，我们是谁？我们的角色太多了。而这些角色都是相对而生的。那么在职场上，有时候我们是领导，有时候我们是下属，有时候我们是同事，有时候我们是合作伙伴，有时候我们是甲方，有时候我们是乙方，有时候我们是朋友，还有时候我们是竞争对手，甚至是敌人。我们正是从这些林林总总复杂的关系中，仿佛找到了我们的角色定位，形成了我们的思维习惯，体会到了其中的酸甜苦辣、爱恨情仇，而正是如此，我们成为了社会人。在这些社会化的交往中，我们感受到了情感波动和存在的意义。

第五、工作是必经的修行道场

一说到修行这两个字，不少人可能觉得这玩意儿是不是说玄了。其实这一点儿都不玄。往小了说，最基本的就是，上对得起父母养育之恩（古人更是深远，强调要对得起列祖列宗，现在都是小家庭了，祖宗意识确实淡化了），能挣钱赡养父母，以尽孝道；对下，言传身教，养育好子女；对中，让妻子（丈夫）安心，让亲朋赞许。做到这些，就是修行，当然其基础是工作，是挣钱，我们在职场上投入的时间远远超过和家人在一起的时间，我们在职场上积累的情绪和思维，会深刻影响家庭生活。现在相亲，开口就是"有房吗？""有车吗？""存款几位数？"再说得高雅一点，借用黄庭坚的话就是："士大夫处世可以百为，唯不可俗，俗便不可医也。"我们就是要努力修出个不俗来。放开视野，往大了来看，最大的修行是啥？儒家讲修身齐家治国平天下，追求为实现大同世界而努力奋斗。道家讲天人合一，道法自然，替天行道，道是啥，道就是苍生的福祉。佛家讲自度度人，普度众生。马克思说过："如果我们选择了最能为人类而工作的职业，那么，重担就不能把我们压倒，因为这是为大家作出的牺牲；那时我们所享受的就不是可怜的、有限的、自私的乐趣，我们的幸福将属于千百万人，我们的事业将悄然无声地存在下去，但是它会永远发挥作用，而面对我们的骨灰，高尚的人们将洒下热泪。"我们共产党人讲全心全意为人民服务。这些都是最大的修行。而我们修行的道场在哪儿？就是我们普通而又平凡的工作岗位。人必然是在修行中度过一生，方才圆满。再说到前面提到的李叔同，其父为李世珍，清同治时进士，曾任吏部主事，后辞官承父业而为津门巨富。李叔同自然从小衣食无忧，但他却还一直在追求，在工作，在创造，于个人而言是修行，于社会而言，我们多了一个著名的音乐家、美术教育家、书法家、戏剧活动家和弘一法师。

这里讲一个案例：2012 年，我在国家公务员局培训监督司当处长，名列中国前二的高校之一（具体哪个我就不便点名了，恐引起不必要的麻烦）的一个大四的学生来我处里实习，表现都不错，毕竟是顶尖学校的高才生。转眼 10 年过去了。2023 年 7 月，该学生的父亲给我打电话说非要见我一面不可。因为我与其父是朋友的朋友。所以不敢耽搁，抓紧时间见了面。原来，该同学 2012 年毕业后，工作了一年，但一年内换了 3 个单位。之后到 2023 年，快 10 年了，整个一个躺平，没有工作。现在找我来，希望我帮助找工作。我的天哪，原来还有这样的事情。说实话，这有点颠覆我的认知。我说："你这10年不工作，为什么啊？你在干啥？"答："在想人生的意义。"问："想明白了吗？"答："没有。"我说："人生的意义是创造出来的，修行出来的，而且是要在行中去修，不是坐枯禅，凭空想出来的呀！以你现在的状况，常规渠道找工作是不可能了。因为你的履历有10年的空白。无论哪个单位哪个老板都会打个问号。"通过交谈进一步得知，他后来想累了，想找一份体力活干，竟然去洗脚店学捏脚了。我跟他说，你一定要先觉醒起来，不能这么浑浑噩噩了，要发挥你自身的优势，北京出生、长大、著名高校毕业，哪怕去洗脚捏脚，也要和别人不一样，可以跟老板谈，创造一个高端大气独一无二的洗脚模式。要抓紧融入社会，把人脉资源激活，寻找创业机会。转眼一年多过去了，现在还不错，在国内著名高校下属的一家培训公司做培训。相信他已步入正轨，会越修越好。

我们古人讲："君子不患位之不尊，而患德之不崇；不耻禄之不夥，而耻智之不博。"① 意思是君子不担心自己地位不够尊崇，只担心自己的道德不够完善；不因为俸禄不多而感到耻辱，而是以才学不渊博为耻辱。所以，

---

① 见东汉张衡《应闲》。

修行无处不在，职场是个重点。著名企业家稻盛和夫说："我们降临俗世，经受各种风浪的冲击，尝尽人间的苦乐，或幸福或悲伤，一直到呼吸停止之前，我们都不懈地、顽强地努力奋斗。这个人生的过程本身，就像磨炼灵魂的砂纸，人们在磨炼中提升心性，涵养精神，带着比降生时更高层次的灵魂离开人世。我认为这就是人生的目的，除此之外，人生再无别的目的。今天比昨天做得好，明天又比今天做得好，每一天都付出真挚的努力，不懈地工作，扎实地行动，诚恳地修道，在这样的过程中就体现了我们人生的目的和价值。"①

有人会说，这些仿佛感觉过于高大上了点吧。那就用罗永浩的一句话拉回来，更现实一点，操作性更强一点。老罗说过一句名言：被包养就不要谈人格独立！老罗，是条汉子，当然不是因为他说了这句话，是因为老罗同志敢闯敢干，敢怒敢言，敢于担当的一贯作风。是的，我们无论干什么工作，无论混什么职场，至少要有一个独立人格。这听起来好像很简单、很容易，其实细品一下，非常有挑战性。不被金钱、领导、老板、美色牵着鼻子走，不受其奴役，您说有挑战性不？

---

① 稻盛和夫：《活法》，东方出版社，第6页。

第二章　闭门造车，开门茫然

我们踏入职场之前，一直都在接受教育，而教育的本质目的却被抛之脑后，一切都指向未来的功利算计，围绕这个算计，开始了长达二三十年的闭门造车。

莫名的起跑线

从古到今，读书目的无非两条：一是明理，二是名利。连书读得那么好的曾国藩也讲过类似的话：

吾辈读书，只有两事：一者进德之事，讲求乎诚正修齐之道，以图无忝所生；一者修业之事，操习乎记诵词章之术，以图自卫其身。进德之事难于尽言，至于修业以卫身，吾请言之。卫身莫大于谋食，农工商劳力以求食者也，士劳心以求食者也。故或食禄于朝，教授于乡，或为传食之客，或为入幕之宾，皆须计其所业，足以得食而无愧。

而名利往往更是占主流、占上风。"书中自有黄金屋、书中自有颜如玉。""学而优则仕"的正面意义，是为国家民族发展培养高层次人才，换个角度就是官本位思想，当官为了啥？理所当然是为人民服务，但不少人是奔着光宗耀祖、更好为自己服务、更好为人民币服务而去的。教育的现实真相是：为了赢得竞争。游戏规则未必科学，但能分出高下，清华北大这样的敲门砖当然更好使。这样的竞争，划分了阶层，哪怕学的都是垃圾，毫无价值，也无所谓。但是苦了孩子。

从小的教育，重点就是为了出人头地，成为人中龙凤，找到一个好工作，不要输在起跑线上，本身就是功利思维的代际传递。人生本身的意义有所谓的起跑线吗？有输赢吗？每个人都渴望成功，渴望大富大贵，渴望功成名就，可是，很遗憾，几乎90%的人还是落入了平凡。

人生的意义就在人生本身，莫向外求。

恰恰现实让人很痛心。

网上流传一个让人哭笑不得的事儿，一个小学四年级小朋友过生日，得到的却是"地球不毁灭，你都得写作业"的语数外全科作业蛋糕！小朋友简直"生无可恋"，大人呢，简直莫名其妙！这是谁的错，都可以推给社会，但其实每个家长都责无旁贷。虽然这个事儿可能有为吸粉而夸张作秀的成分，但是，下面这些调查数据，岂不让人焦虑？

调查数据一：

2021年3月，中国科学院心理研究所发布的《中国国民心理健康发展报告（2019-2020）》显示，青年期的心理健康问题较为多发，我国青少年抑郁检出率为24.6%，其中重度抑郁为7.4%，检出率随着年级的升高而升高。

作为学生家长，别人信不信，反正我是信了，因为我身边就有这样的案例，学生因得抑郁症、自闭症而退学。家长的事业、生活和未来，瞬间一片灰色。

调查数据二：

"调查发现，近几年来，中学生的自杀意念、自杀计划、自杀未遂等情况都比2002年所做的调查结果增长了好几个百分点。

在全球范围，自杀已经成为15~29岁人群的第二大死亡原因。"

为了上一个所谓好的幼儿园、好的小学，家长得费多大劲，什么花钱托关系，什么高昂的学区房，之后陪着小孩没日没夜地学习，中考、高考，大学好不容易毕业了吧，本科还根本不够，找不到合适工作，没有竞争力，到处都是人才高消费，于是，继续读硕士、读博士，真是不容易。家长最为共鸣的一句话：不写作业，母慈子孝，一写作业，鸡飞狗跳。

2023年4月6日，《北京晚报》有一篇报道，题目是《北京市教委发布今年高校毕业生数据，硕士博士毕业人数超过本科》，文章提到：

今年北京高校硕士、博士毕业生预计约为16.08万人，本科毕业生预计约为13.61万人，硕博毕业生人数首次超过本科毕业生。正值就业季，这种现象引发了不少毕业生尤其是本科生的焦虑。对此，高校就业指导专家表示，研究生和本科生在求职中各具优势，不必恐慌。

毕业生就业压力持续增大，越来越多的学生选择继续深造换取就业竞争力。记者随机采访了10名本科生，发现计划考研的占大多数——有8名学生表示，希望通过提高学历增加个人就业竞争力；另外2人则认为，工作经验比学历重要，尽早完成学业，可以在工作岗位上提高技能。

我们的教育天天在喊创新。魏书生老师说了句实话："在基础理论上来回创新，无非就是把明白事说糊涂了再重说……老祖宗告诉的教16个字，学16个字，这都是万古不变的：有教无类，因材施教，寓教于乐，教学相长，学以致用，学而实习，循序渐进，持之以恒，老师们狠狠记住行吗？再过一万年，一个字不用变！"

我以为就我们是这个样子的，我以为就现在是这个样子的。原来不是。2016 年的某一天，我去隔壁办公室串门，看到同事桌子上放了一本书——《相对论》，爱因斯坦著。我就笑同事太牛 × 了。结果打开书的第一页，看到爱因斯坦的第一段话，震惊了：

无论时代的潮流和社会的风俗怎样变化，人们总是可以凭借自己的能力超越时代和潮流，走在正确的道路上。现在，大家都在四处奔走，为的就是房子和车子，这是我们生活的时代的特征。不过，也有一些人追求的不是物质，而是理想和真理，想要寻求内心的自由和平静。①

当然，这里存在一个不可避免的问题，为了应付考试，人们要把这些没用的东西装在脑袋里，无论自己是否愿意。这种强制性的教育令我不满，以致在结束考试之后的整整一年时间里，我对科学问题的任何思考都感到不愉快。需要说明的是，我在瑞士受到的强制性教育，远远比其他地方宽松得多……现在的教学方法，竟然没有

① 〔美〕阿尔伯特·爱因斯坦著，曹天华译：《相对论》新世界出版社出版。

把人们对于研究问题的好奇心扼杀掉，这真是一大奇迹。

"这真是一大奇迹！"冲着这些话，我立马下单买了这本书，读了两遍，虽然对《相对论》本身似懂非懂，但更明白了伟大科学家的精神。

做个有志青年

不管世事如何让人不爽，我们还是要自己心里有数，做好自己，这是正道。

我们经常教育青少年要立志，这个本身没有错，但"志"的本质内涵却被偷换了，功利目标成了唯一评判标准。那么，何谓"志"？要正本清源，要从字的本义出发来思考。

"志"，从字形上看，一是心上有"士"，心以求士。何谓士，也有几个意思，如古代男子的通称；古代最低级的贵族阶层，次于大夫；泛指做官者或读书人，"士"通"仕"，等等。总之，士是一个有健全人格、追求正义、有较高社会地位的人群或阶层。我们常说仁人志士，此意也。因为仁人，所以志士，更多在内圣而外王，因为自身的德才修养而获得社会的认可尊重，是为士人。

二是心上有"土"，土为心田。汉时，志字心之上往往写成"土"。比如我们熟悉的《曹全碑》，其中的

"志"字就是这样写的。我觉得，这是个密码。心中有土，有田园，有自然，自然而然，道法自然。土，最常见，最低下，就在我们的脚下，就是我们当下的日常生活，就是心中有生活。由此可以感受到厚德载物的道德滋养和魅力。我年轻的时候，就听说过一本书，叫《浮生六记》。没在意，觉得用"浮生"二字，好像有点颓废，所以没看过。到40岁的时候，买来这本书，认真读下来，真是感慨，才真正懂得了为啥"平平淡淡才是真"。《浮生六记》是清朝嘉庆时期一个叫沈复的普通读书人写的一本自传体散文集，他没当成高官，没成为富人，甚至生活中的柴米油盐都成为问题，但心态极好，在平凡的生活中发现并创造了美好情趣，在贫贱夫妻的居家生活中享有了真正的爱情。心中始终有一个美好的田园乐土。读了感人至深，启发至深。忍不住在此摘录一段分享：

世事茫茫，光阴有限，算来何必奔忙！人生碌碌，竞短论长，却不道荣枯有数，得失难量。看那秋风金谷，夜月乌江，阿房宫冷，铜雀台荒。荣华花上露，富贵草头霜。机关参透，万虑皆忘。夸什么龙楼凤阁，说什么利锁名缰。闲来静处，且将诗酒猖狂。唱一曲归来未晚，歌一调湖海茫茫。逢时遇景，拾翠寻芳，约几个知心密友，到野外溪旁。或琴棋适性，或曲水流觞，或说些善因果报，或论些今古兴亡。看花枝堆锦绣，听鸟语弄笙簧。一任他人情反复，世态炎凉。优游闲岁月，潇洒度时光。

三是心上有"之"，知之为之。据考证，早期文字从大篆到小篆，志字均为上"之"、下"心"。之字的意思是"到××地方去"，即：去、往、到的意思。如《广雅》："之，适也。"《战国策》："臣请为君之楚。"也有说其本义是：出，生出，滋长。《说文》："之，出也。"心要到什么地方去？好像有点神秘。这是古老之问。其中一个最重要的回答是：明心见性。现在我们多将"之"字作为代词使用，指代什么？值得自我琢磨。搞清楚了，就知"道"了，就知道志向何处了。

随着人工智能的飞速发展，不久的将来，人何以安身立命，到什么地方去？这是个大问题。机器替代了人工，人更应该获得解放，从繁重的劳作中解放出来，去过更加丰富的精神生活。

2016年11月，京东创始人刘强东在《改变世界——中国杰出企业家管理思想访谈录》节目中说：

咱们中国提出共产主义，过去很多人都觉得共产主义遥不可及。但是通过这两三年我们的技术布局，我突然发现其实共产主义真的在我们这一代就可以实现。因为机器人把你所有的工作做了，已经创造了巨大的财富，政府可以分配给所有人，没有穷人和富人，所有公司全部国有化了，中国只需要一家电商公司，销售公司就可以实现了。没人再为物质去工作，大部分为精神，为感情去奋斗。人类可以享受，或者可以做点艺术性的、哲学上的东西。

我觉得，刘强东说得非常对。

那我们现在的教育为什么还要这么卷？虽然学的好多东西将来都没啥用处，有的还没学完就淘汰了，比如笔者大学一年级时学了整整一年的 BASIC 语言，与我日后的发展和生活毫无用处。那为什么还要学不少垃圾？因为我们人多，需要竞争，甚至需要用一些无用的知识当道具来考试，来磨炼意志、区分人群、划分阶层。难道我们不能多学些几千年来的经典，多学习些与生命直接相关的智慧吗？太必要了，因为这些才能终生受用，才是永恒的真理和智慧。

但这个问题太大了，不是我辈匹夫能说说而已的。

二三十年的闭门造车，本科、硕士、博士新鲜出炉了，带着自身和家族的期望，一开门，未见山川秀丽，未见锦绣前程，路漫漫、雨蒙蒙，几多焦虑，几多忧伤。

这些年就业的严峻形势，大家有目共睹，置身其中，倍感压力巨大。其中，高校毕业生的就业问题更是引来全社会的关注。

大学生就业的形势特点

特点一：是大事儿，是难事儿。

先看几组数据：一是 21 世纪 20 余年来，毕业生总供给的数量变化：2000 年为 95 万，然后一路飙升，2001 年超过百万，为 114 万，2021 年增长到 909 万，到 2023 年过千万大关，为 1158 万，2024 年为 1179 万。二是 2010 年和 2021 年高校学生情况数据切片对比：2010 年研究生（硕士博士）毕业人数为 38.36 万人，2021 年为 77.27 万人。

关于高校扩招，这些数据足以说明，确实扩招了。客观上讲，高等教育的发展，确实为国家经济社会发展大局提供了有力的人才支撑，有效提升了整个国民受教育的水平，也满足了人民群众对接受高等教育的需求（具体可参阅《2020 年第七次全国人口普查主要数据》，国务院第七次全国人口普查领导小组办公室编）。

当然，经济社会发展对人才的需求是有波动的，这实属正常，需求与供给的矛盾运动也是客观存在的。这些年来高校毕业生就业越来越难，确实成为一个事实。解决好他们的就业问题，既关系到个人价值的实现和家庭幸福，更关乎国家长远发展和社会和谐稳定。

习近平总书记对做好大学生就业工作高度重视，作出一系列重要指示批示。总书记强调：

党中央高度重视高校毕业生就业，采取了一系列政策措施。当前正是高校毕业生就业的关键阶段，要进一步挖掘岗位资源，做实做细就业指导服务，学校、企业和有关部门要抓好学生就业签约落实工作，尤其要把脱贫家庭、低保家庭、零就业家庭以及有残疾的、较长时间未就业的高校毕业生作为重点帮扶对象。①

2022年6月8日下午，正在四川考察的习近平总书记来到宜宾学院，实地考察高校毕业生就业工作。"就业数据要扎扎实实，反映真实情况。"习近平总书记严肃指出，"现在有些学校为了追求高就业率，弄虚作假，搞'拉郎配'，签了再说。这样不行，不能糊弄上级部门，更不能糊弄学生。""要注重高校毕业生就业工作，统筹做好毕业、招聘、考录等相关工作，让他们顺利毕业、尽早就业"。

总书记是知道实际情况的，总书记的指示是非常具体到位的。

教育部怀进鹏部长2022年9月9日说："今年高校毕业生总规模达到1076万人，首次突破千万，且受新冠

———
① 2022年6月8日，习近平在四川考察时的讲话。

疫情和经济下行压力增大等多方因素的影响，就业形势遇到了前所未有的严峻挑战。其实在教育系统，感受到就业的挑战不仅在今年，实际上近年来，高校毕业生就业工作也面临着很多挑战和困难。"

2023 年 1 月，国家统计局发布数据显示：一季度，全国城镇调查失业率平均值为 5.5%，比上年四季度下降 0.1 个百分点。3 月份，16~24 岁、25~59 岁劳动力调查失业率分别为 19.6%、4.3%。25~59 岁劳动力中，初中及以下学历、高中学历、大专学历、本科及以上学历劳动力调查失业率分别为 4.8%、4.8%、4.0%、3.1%。

于是，19.6% 成了热点。国家统计局人口和就业统计司司长王萍萍给出的解读是：

一季度，16~24 岁城镇青年劳动力调查失业率均值为 18.3%，比上年四季度高 1.1 个百分点。1 月份，青年失业率为 17.3%，2 月份为 18.1%，3 月份升至 19.6%。青年失业率处于较高水平主要原因，一是 2023 届高校毕业生开始进入劳动力市场求职；二是高学历（大专及以上）青年比重升高。初步测算 3 月份城镇青年 9637 万人，没有参与劳动力市场的青年 6418 万人，主体为在校学生；参与劳动力市场的青年 3219 万人，其中就业人数 2587 万人、失业人数 632 万人。失业青年中已经毕业的青年有 386 万人，其余 246 万人主要为有就业意愿的 2023 届应届生。下一阶段，随着高学历青年逐步落实工作，失业率水平会有所下降。

如果再看看网上各色舆情分析文章报道，压力比山更大。

学生就业已经如此艰难了，却有一些坏人、一些不法分子还在挖坑设陷阱，利用"高薪低门槛""付费内推""付费实习"等手段诈骗学生钱财，损害毕业生就业权益，甚至误导、诱骗一些大学生从事传销、信息网络犯罪等活动。为此，教育部还专门发出通知，提醒同学们认真了解常见的就业陷阱，并做到"五防三要"，避免踩"坑"。何为"五防三要"：一防黑中介，二防乱收费，三防培训贷，四防付费实习，五防非法传销；一要增强求职安全意识，二要使用正规求职渠道，三要运用法律维护就业权益。

我们的学生容易吗？这些挖坑设陷骗取钱财的坏蛋，应该抓起来，狠狠揍。

虽然如此之难，但总体上看，这些年大学生就业的形势特点之一是：形势严峻，但整体平稳。这得益于总书记的重视关心，得益于各有关部门的全力以赴、攻坚克难、综合施策。

特点二：选择多样，相对集中。

那么，大学就业形势的第二个特点是什么呢？我觉得可以概括为：选择多样，但相对集中。所谓相对集中，是指体制内就业人数和体制外就业人数旗鼓相当，各占半壁江山。还有一个趋势，那就是体制内就业的吸引力越来越大。于是乎，就出现了那句话："宇宙的尽头是考编。"（我就纳了闷了，想搜集相关官方发布的完整数据，比如全国高校毕业生就业报告，就是找不到，可能是我方法不对，但是网上一搜，社会民间机构发布的各种报道、报告倒是很多，热闹得很，什么智联招聘的、猎聘的，麦可思的。只好将就着用吧，不过这些数据还好与我们的感知是基本一致的）。

下面几篇报道，光看标题，就非常提神：比如《清北 2021 毕业生就业报告出炉：博士 0 人出国，70% 进体制》，再比如《惊呆！北京大学博士考街道办城管，95% 拟录取考生为硕博，不乏国内外顶尖名校》，这题目，杠杠的。还有《清华女博士考协警？最新回应！网友"炸锅"了》，文章提到《岳麓区 2022 年招聘警务协助人员报考审核通过名单公告》显示，在通过"警务协助人员岗位二"审核的人员表格中，出现了众多本科硕士人员，其中最高学历为一位 1994 年出生的张姓女博士（特长备注为"清华大学"），另有研究生 10 人，本科 349 人。还有一张图片《深圳中学 2021 年新入职名单》，具体内容和亮点，读者自己找找看，肯定会有感触。不是说高中教育不重要，高考优秀者进清北，清北博士再回来教高中，好像是有点死循环的意思。

2023 年 12 月 5 日，教育部、人力资源社会保障部召开的 2024 届全国普通高校毕业生就业创业工作视频会议指出："2024 届高校毕业生规模预计 1179 万人，同比增加 21 万人。各地各高校要进一步提高政治站位，把促进高校毕业生高质量充分就业摆在教育强国建设的战略高度通盘考虑，把做好高校毕业生就业工作作为推动教育评价改革的重要抓手，把优化高校毕业生就业服务作为构建优质均衡基本公共教育服务体系的重大任务，把确保高校毕业生就业大局稳定作为稳就业工作的重中之重，准确把握当前高校毕业生就业工作面临的形势，聚焦关键环节，多措并举促进 2024 届高校毕业生更加充分更高质量就业。"①

看到了吧，上面一段话中的关键词：1179 万，提高政治站位，战略高度，重要抓手，重大任务，重中之重。而且这个数据还在增长，2025 年是 1222 万。

我们的学生好难。

---

① 《教育部、人社部：多措并举促进 2024 届高校毕业生更加充分更高质量就业》，2023 年 12 月 06 日，来源：教育部新闻办。https://www.ncss.cn/ncss/jydt/yw/202312/20231206/2293174091.html.

　　与此同时，还会经常听到各方面对我们学生提出的更高要求，比如钱理群教授在《写给理想大学的一封信》中说道："我看来，真正的精英，应该有独立自由的创造精神，要有自我的承担，要有对自己职业的承担，要有对国家、民族还有社会和人类的承担，这是我所理解和期待的精英。但是我们现在实行实用主义、实证主义和虚无主义的教育，正在培养出一批绝对的、精致的利己主义者。"著名演员何冰饱含感情地读了这封信，在网上大为传播。还有知名画家陈丹青先生也讲过："我没有见过一个时期像现在这样，就是一个年轻人走到我面前来，他其实很憨，其实他非常想要真，但是种种环境原因，让他觉得必须油头滑脑，必须说假话，必须拍马屁，必须懂得在一个重要的对他有用的人面前怎么获得机会。年轻人那种本真我很少看见，反而在民工身上我能遇到，在受过教育的年轻人身上，我越来越觉得这是一种很匮乏的品质。可是在我们年轻的那个时代，所有人都要比今天的人憨很多，也真的多！那时候要见到一张纯真的脸是不难的，用现在的话来说就是一脸傻，不太会说假话。"

　　20多岁的年轻人，本来应该可以自由仰望星空，充满理想激情，指点江山激扬文字，探寻宇宙尽头的终极关怀，感受其神秘、美感、崇高；想不到却被当下的现实逼迫，成为现实、残酷、卑微的人。还有，灵魂有点跟不上。

　　我觉得钱教授和陈丹青先生讲得非常好非常对，然而，为什么会出现这样的情况，是个复杂的问题。不是本文探讨的重点，况且中央已经关注到这个问题了：中共中央政治局 2023 年 5 月 29 日下午就建设教育强国进行第五次集体学习时，习近平总书记强调："要在全社会树立科学的人才观、成才观、教育观，加快扭转教育功利化倾向，形成健康的教育环境和生态。"

第三章　大学生该如何选择就业

展望未来，相信一切都会越来越好。

党的二十大报告强调，就业是最基本的民生，要实施就业优先战略。党中央、国务院和教育部、人社部等有关部门采取了一系列政策措施。随着这些政策措施的落地，就业严峻形势一定会得到缓解。

我们再回到当下。大学生该如何选择就业岗位呢？

就业指导

在回答这个问题之前，多啰唆两句，先谈谈对就业指导的基本认识。我觉得做好大学生就业指导工作，其定位有三句话：第一句：毕业生就业指导是第一大事，因为对上至党中央、国务院，下至每一个黎民百姓来说，都非常重要，可以说是先导性、基础性、战略性工程。第二句：毕业生就业指导是第一难事，这是个系统工程，牵涉到政府政策、市场变化、个人条件等等诸多因素。第三句：毕业生就业指导是第一幸事，做好了能为党和国家分忧，能给学生的职业生涯发展助力添彩，对于自己而言，也是广种福田，很有成就感。所以需要更多的人来为大学生就业指导出谋献策贡献力量，包括但远不限于高校有关老师，还包括学生的家长，作为师兄师姐的我们等等。

如何选择？先看两个本人直接经历的真实案例：

我的一个学生小王，国内本科毕业，在英国留学获得硕士学位。其父亲是公务员。父亲一开始苦口婆心让孩子考公务员，孩子没啥兴趣。后来去了某知名培训机构，干了一年多，业绩突出，获得过两次销冠。国家双减政策一出台，该培训机构摇摇欲坠，小王所在的团队被"优化"。这下小王终于"顿悟了"，主动要求考公务员。他父亲很开心，通过朋友关系找到我，请我辅导。现在成为北京某区税务局的一名公务员。小王曾对我说："市场变化太快了，有点可怕。"

我还有一个学生小李，女生。10多年前从英国留学回国，想来北京工作。其父是我老家的领导干部，找我帮忙。我说试试看。于是就给我一个同学打了个电话，没想到，有时候办事儿就这么容易。两天后，我同学给我回复说有个央企岗位可以，解决北京户口。于是抓紧转告老李。谁知道，第二天老李说孩子不想去，嫌挣的钱少，体制内没意思，这位同学后来去了海航集团。2019年，老李又来找我，说海航现在经营遇到问题，孩子的职业发展咋弄，请我帮忙。我说，一个女孩子，年纪也不小了，不要漂了，赶紧找个稳定的工作，找对象结婚生孩子吧，这是正道。后来，老李和小李听从了我的建议。经过我的辅导，小李顺利考上了北京市某区的公务员。

要记住，进入社会，在很多情况下，选择往往比单纯的努力要重要。选择的核心是匹配，在变动中匹配，在一切都是变量的环境中，把自己变成一个积极向上的变量，去跟正能量、强风口、强平台匹配，与其一起成长。

著名企业家稻盛和夫的书很流行，因为他讲了一些很真切的道理，管用的道理，其《活法》一书中有一篇文章题目是："改变'思维方式'，人生将发生180度转变"，提出了一个幸福人生的方程式："人生·工作的结果 = 思维方式 × 热情 × 能力。"作者讲述了自己的亲身经历：

说出来不怕大家笑话。我大学毕业正逢就业困难期，因为没有门路，参加多次求职考试都不被录用。既然无法正常就业，不如干脆去当一名"知识型黑社会成员"。在这个弱者吃亏的不合理社会中，加入讲究义气人情的黑社会或许更有出息。当时我就抱有这种扭曲的心态，相当认真地思考过这个问题。

当时如果真的走上那条路，我可能会成为一个小小的黑帮头目，略有名声，然而在那样一个组织里不管多么强悍，因为"思维方式"是扭曲的、是负值，就不可能有一个幸福的人生。①

在选择这个过程中，要强化两个意识，一是战略意识，善于从大的方面去分析问题，明确努力方向，不能用战术上的勤奋掩盖战略上的懒惰。二是外援意识，要善于寻求别人的帮助，不要觉得自己啥都行，非得全面发展、完全自力更生不可，结果往往是死要面子活受罪。要找到自己的比较优势，和别人形成互补互动。能够得到别人的帮助，本身就是一种成功，说明我们对别人来说是有价值的。具体来说，建议考虑以下几个方面。

一、认清运行逻辑变化

我们要知道，从幼儿园、小学、中学、大学，我们接受教育的目的是明确的、固定的，这就是《中华人民共和国教育法》第五条规定的："教育必须为社会主义现代化建设服务、为人民服务，必须与生产劳动和社会实践相结合，培养德智体美劳全面发展的社会主义建设者和接班人。"《中华人民共和国高等教育法》重申了教育法第五条的规定，在此基础上，进一步针对高等教育强调："高等教育的任务是培养具有社会责任感、创

---

① 稻盛和夫：《活法》，北京：东方出版社，第14页。

新精神和实践能力的高级专门人才,发展科学技术文化,促进社会主义现代化建设。"学校的教育是国家责任、使命、担当,学校对学生是充满感情的。对学生来说,只要我们努力,基本上就能种瓜得瓜、种豆得豆,就会取得好成绩,其运作逻辑是线性的。学生对学校也是充满感情的,所以才有母校的亲切称谓。二者具有终身黏性。那么跨入社会、进入职场之后,我们就要转变认知。职场是啥?职场就是匹配,用人单位是标准的甲方,您就是乙方,甲方用您是因为您在某方面能够满足对方的需求,有其可用之优势,不是慈善,从根本上说是利益交换。所以这种关系是单向的,更为复杂,我们只有调整改变自己以适应甲方需求。而且在社会上的成功,其逻辑往往也是非线性的,其影响因素是丰富多彩的,有运气成分,有关系成分,当然努力是基本的必要条件而非充分条件。所以就出现了一种现象,在学校学习非常好的学生,在社会上、在职场中未必能如鱼得水、风生水起。故此,要清醒认识到,社会、职场不是学校,不是母校,本质是交换,您能够创造对方需要的价值,才有交换的价值。有点残酷,但要直面担当。

二、认清你自己的条件

每年毕业 1000 多万学生,每个人的情况是不一样的,虽然年轻人的想法、理想可能是一样的高迈,但要面对现实。人人生而平等，要么是形式上的安慰之言，要么是类似于"人人皆可成佛"的终极鼓励。眼下，高校分211、985、双一流等等说法，这就是差别，还有本科、硕士、博士，还有专业的所谓冷门、热门等等，在毕业的那一刻，这就是既定事实，我们无法改变了。这是我们做就业选择的基础，要认识清楚。另外，这虽然不是一个拼爹的时代，但拼爹现象却好像无处不在。试问，有几个人的老爹能轻松地说"先定一个小目标"①？我们绝大多数人只是芸芸众生、普通百姓的子女。只能靠自己，就业和职场发展是综合因素的聚合离散，不像在学校，只比学习成绩好坏。而这些，就是我们做选择的前提条件，要坦然面对接受。

三、地域，地域，还是地域

一线城市、大城市是美好的，是多数人都向往的。这几十年来都是如此。比如 2009 年由麦可思(MyCOS)发布的《中国大学毕业生就业报告(2009)》显示：2008届毕业生就业量最大的前 10 位城市依次为北京、上海、广州、深圳、杭州、天津、成都、南京、济南、苏州；

---

① 2016 年 8 月底，王健林在接受鲁豫采访时说"很多年轻人，有自己目标，比如想做首富是对的，奋斗的方向。但是最好先定一个小目标，比方说我先挣它一个亿。"。"一亿小目标"豪言一出，网友纷纷调侃、晒"小目标"，刷爆社交平台。该词入选 2016 年度十大网络用语。

高职高专毕业生就业量最大的前 10 位城市依次为北京、上海、广州、深圳、南京、苏州、杭州、成都、郑州、青岛。但是一线城市、大城市的生活成本是高昂的。可在大城市、大单位门槛高，挣大钱的也是少数。

2006 年 10 月，北京市统计局、国家统计局北京调查总队联合发布的"北京市和谐社会指数监测报告"显示：北京郊区县市民的幸福感均值为 80.5 分，比北京市市区居民 76 分的"幸福分值"高 4.5 分。据北京市统计局新闻发言人于秀琴介绍，从不同地域人们的幸福感平均水平来看，虽然市中心比远郊区县繁华，但生存环境相对狭窄和拥挤，人与人之间出现摩擦的频度和广度更多一些，更容易给人们带来不快和烦恼。另外，由于城市中心区的居民"见多识广"，对"幸福生活"的要求更多，更高，幸福感更难满足，所以分值偏低。"城市的交通状况，人们对生活水平的要求以及工作压力都会给'幸福感'减分。"[①]（后文中引用的人民智库"青年群体竞争心态调查"也印证了上面的报告结果）

幸福感是实实在在的，多数人的生动实践已经给了我们太多启发。

[①]《幸福指数北京首次公布》，http://www.sina.com.cn 2006 年 10 月 13 日 09:06 竞报。

四、朝阳行业具有可积累性

现代社会变化飞速，有些行业方生方死。我们在就业选择时要考虑行业发展的持久性。当然当公务员、进体制内最持久最稳当，此处不必多言。重点是对市场化这块儿，要有大概的分析和了解，了解哪些行业是风口行业、朝阳产业，这样挣钱才相对容易。比如这几年火爆的短视频行业，风确实不小。但即使在风口行业里，也要考虑一下岗位的具体情况，不要是劳动密集型，简单的重复劳动，自己工作几年没有成长，不然，等风过去了，我们可能一无所有。不要成为快消品，在能力经验的提升上面一定要具有可积累性，才能为自己未来的职业发展树立起门槛，至少有一个领域的专长，有根据地，才能进一步拓展、开阔。

五、平台真的非常重要

古希腊哲学家、数学家、物理学家阿基米德的那句经典语录，恐怕无人不知无人不晓："给我一个支点，我就能撬起整个地球。"对我们来说，这个支点是什么，就是平台。个人的力量是渺小的，必须借助外力，站在巨人的肩膀上。这平台可以是体制，可以是大公司。对于刚毕业的学生来说，我个人不建议一上来就自己创业，当老板。您以为当老板是那么容易的？我一个老哥是猎头公司的老板，他认识无数个老板，写了一本书：《老板是熬出来的》。开一家公司，需要非常强的能力素质和各种资源。刚毕业，没资金，没人脉，没经验，谈何容易。还是先老老实实去选个好平台，打工，学习，长本事，积累各方面经验和资源，千万不能头脑发热。我记得疫情之前的一个比较靠谱的数据，中国民营企业平均寿命 3.7 年。疫情 3 年呢？估计这个数据又变少了。再说了，当员工总体上比创业老板轻松多了，至少不累心，没风险。别觉得这种想法太保守，这都是经验、阅历，也是无数人血淋淋的教训。

六、始终保持阳光心态

我大学毕业时，一位老师和一位师兄在我毕业留言册上各写了一段话，后来时时想起，倍感深刻。老师写的是："录一句诗人的话共勉：我深知并非所有的理想都能够如愿以偿，但我坚信，追求理想的过程和理想本身一样完美。"师兄写的是李白的两句诗："今朝有酒今朝醉，莫使金樽空对月"。老师的话，当时很容易理解，随着人生阅历的增长，理解更深。师兄的话，我当时不理解，现在终于明白了。看来师兄是一个早熟的、深藏不露的高人，现在是某知名大学的博士生导师，能做他的学生也是有福之人啊！现在想起上面师长的留言，我觉得可以概括为要有阳光心态。年纪大一点的同志，可能会想到一首红歌：《大海航行靠舵手》，首句就是："大海航行靠舵手，万物生长靠太阳。"这道出了一个朴素的真理，我们的能量来源就是阳光。

心中有阳光，才有梦想，才有激情。敢于追逐梦想，才是年轻。这也是我们古人讲的"天行健，君子以自强不息"的精神。人生就是要始终保持一种敢拼敢闯的劲儿。累了的时候，想想李白的"今朝有酒今朝醉，莫使金樽空对月"，没有什么烦恼是一顿酒、一顿小烧烤解决不了的，第二天，朝阳照常升起。这就是诗意的存在。大学毕业跨入社会，必将会面临各种挑战，但要拥有阳光心态，看到坏事儿，要想到好的方面，至少它帮助了我们成长。"当你眼中有泪时，你将看不到美好的明天"。多看别人长处，拥有一双看谁都是贵人的眼睛，那么您身边的贵人就会越来越多。总之，有风有雨是常态，风雨无阻是心态，风雨兼程是状态，但不管如何，都要始终阳光对己，阳光对人，阳光对事。

七、树立终身学习理念

"终身教育"这一术语，是联合国教科文组织成人教育局局长法国人保罗·朗格朗于1965年正式提出的。在联合国教科文组织及其他有关国际机构的大力提倡、推广和普及下，1994年，"首届世界终身学习会议"在罗马隆重举行，终身学习在世界范围内形成共识。不断学习，持续学习，终身学习，是应对社会快速发展变化的必然要求和根本举措。一个组织也是如此，一个国家也是如此，一个人更应如此。所以党的《二十大报告》强调指出：要"建设马克思主义学习型政党""建设全民终身学习的学习型社会、学习型大国"。我们人和其他动物真是不一样。您看其他动物，出生后学习的时间很短，然后就能够独立生存了。因为它们更多的是物质层面的存在。而人作为万物之灵，要过灵性的生活，必然要付出更多的努力。没出生的时候，就开始接受胎教，后来一路在学校学习20多年。这时候想一想《论语》的首句为什么是"学而时习之，不亦说乎"？这有点玄机。我们不少人都大学毕业，本科、硕士，哪怕是读到了博士，要知道这只是起点。到社会上才发现，学习才刚刚开始，学校学的只是基础的基础，我们现在要学的内容庞杂得很，当然，工作后的学习要为用而学，比如岗位业务知识，政治经济知识，人际沟通知识，如何与领导相处，带好队伍等等。总之，不断学习是必须的，学习是我们的能量来源，是驱除黑暗照亮职业生涯的太阳。

第四章 社会化，通用能力素质模型

跨入职场，无论您做什么工作，首要的一个事实是：您真正跨入了社会，真正成为一个社会人，所谓人在江湖。不了解社会，把握不好方向，做什么工作都会遇到理障碍和事障碍。

社会是个大的生态系统，作为个体要想在其中生存、生活得顺利、安康、有价值、有成就，就需要适应这个生态，更要积极主动把握其运行规律，主动作为，方能行稳致远。根据本人40余年人生阅历、经验和所见所闻，尤其是身边或成功、或失败的人和事儿，总结出人在职场要完成四个方面的修炼：

一是知识更新。现在社会专业化分工越来越细，知识迭代也越来越快。《黄庭坚文集》中有一句话，我们到现在还经常引用："一日不读书，尘生其中；两日不读书，言语乏味；三日不读书，面目可憎。"当今时代，可以说不学习简直寸步难行，最典型的，大家回想一下刚刚过去的新冠疫情，如果那时候您不会用智能手机、不会扫码，能行吗？

二是能力训练。能力是需要训练的，纸上谈兵没多大用，忽悠一下吃瓜群众、吸引一些流量粉丝还可以，但要真刀真枪上战场，那是不行的。所以，我们一定要在实践中去检验践行真理，这样才是真知真行，知行合一。

三是道德修养。德才兼备，方能行稳致远。大家再熟悉不过的，就是司马光在《资治通鉴》中的精彩论述，遗憾的是，不少人只熟悉其中的几句话，比如"才者，德之资也，德者，才之帅也。"原文其实非常精彩全面，更重要的是，我们现在还把它作为选人用人的重要标准，所以这里引用一下，方便大家温故而知新。

臣光曰：智伯之亡也，才胜德也。夫才与德异，而世俗莫之能辨，通谓之贤，此其所以失人也。夫聪察强毅之谓才，正直中和之谓德。才者，德之资也，德者，才之帅也。云梦之竹，天下之劲也；然而不矫揉，不羽括，则不能以入坚。棠溪之金，天下之利也；然而不熔范，不砥砺，则不能以击强。是故才德全尽谓之圣人，才德兼亡谓之愚人；德胜才谓之君子，才胜德谓之小人。凡取人之术，苟不得圣人、君子而与之，与其得小人，不若得愚人。何则？君子挟才以为善，小人挟才以为恶。挟才以为善者，善无不至矣；挟才以为恶者，恶亦无不至矣。愚者虽欲为不善，智不能周，力不能胜，譬如乳狗搏人，人得而制之。小人智足以遂其奸，勇足以决其暴，是虎而翼者也，其为害岂不多哉！夫德者人之所严，而才者人之所爱；爱者易亲，严者易疏，是以察者多蔽于才而遗于德。自古昔以来，国之乱臣，家之败子，才有余而德不足，以至于颠覆者多矣，岂特智伯哉！故为国为家者苟能审于才德之分而知所先后，又何失人之足患哉！①

你看，"圣人"，"君子"，"小人"，"愚人"，闪亮的词汇，传承千年的词汇，只不过，闪光的颜色不同，有的令人崇拜，努力学习追随，有的嘛，可以作为反面镜鉴，时刻警醒自己。

第四个方面的修炼是心灵抚慰。曹操慨叹："对酒当歌，人生几何！譬如朝露，去日苦多。慨当以慷，忧思难忘。何以解忧？唯有杜康。"李白慨叹："抽刀断水水更流，举杯消愁愁更愁。"我们呢？内卷，焦虑，何以解忧？茅台太贵。哈哈哈，所以安心始终是一个大问题，在职场中更是如此。

以这四个方面为内在线索，提出三个层面的能力模型：一是通用能力模型，即社会人士都应该努力具备的能力；二是体制内工作能力模型；三是体制外工作能力模型。后面逐步展开汇报。本章先分析一些基本概念和通用能力模型。

---

① 北宋司马光编著：《资治通鉴·文白对照精选本》第一卷，第2页，党建读物出版社。

什么是能力

首先，我们先简单梳理一下，什么是能力？关于能力的定义形形色色、五花八门，出发点和角度各异。比如，心理学认为，能力是指直接影响人的活动效率，使活动顺利完成的个性心理特征。管理学认为，能力是指那些"可观察的、可衡量的，对于个人和公司绩效具有重要作用的技能、才能和行为"。联合国认为：能力是指与成功完成工作直接相关的技能、特性和行为的组合。马克思认为：能力是体力和智力的总和。等等，诸如此类。综合来看，能力是指完成一定活动的才能和本领，包括完成一定活动的具体方式，以及顺利完成一定活动所必需的心理特征。它包含才能、学识两个内在因素。人的能力是综合性的、多方面的，职业不同，工作性质不同，所担负的任务不同，对能力的要求也不一样。能力具有内在性、潜在性、可塑性、实践性、时代性、层次性等特征。关于能力的定义和特征问题，这里点到为止。因为本书不是谈学术，更多的是要谈体会谈经验。

进入社会，当然包括职场及退休以后，我觉得应该注重培养提升六大通用能力：懂政治、明经济、做好人、有情怀、勇奋斗、善调心。

一、懂政治能力

有人会说，上来就讲政治，是不是过于高妙了。非也。您想想看，从上小学开始，我们就在学习有关的内容。啥是政治？亚里士多德早就说过一句名言：人是天生的政治动物。因为深刻，所以流传。关于政治的理解也是丰富多彩的。季康子问政于孔子，孔子对曰："政者，正也。子率以正，孰敢不正？"孙中山先生说："政治两字的意思，浅而言之，政就是众人的事，治就是管理，管理众人的事便是政治。"美国政治学家、后行为主义政治学的倡导人、政治系统论的创立者伊斯顿，认为政治是对稀缺资源的权威性分配。马克思的理解可能就更为深刻复杂了。我觉得，用老百姓的大实话来讲，可能更为传神和实用：大了就是政治。比如官做大了，尤其要懂政治讲政治，不然也当不了大官。生意做大了，成了大企业家，也要考虑政治问题。因为到了那个段位以后，许多事情都不仅仅是您个人的私事了。所以不懂政治，难以做大做强；要做大做强，必须懂政治。反之亦然，做大做强了，如果还不懂政治不讲政治，危矣。清朝陈澹然在其《寤言二·迁都建藩议》中有一句经典的话："不谋万世者，不足谋一时；不谋全局者，不足谋一域。"需常以此自省。为啥用"懂"这个字？我们生活中，当说到有意思、比较隐晦的事情时，往往会神秘地来一句"你懂的"。其实有点那么个意思。懂政治，关键是理解精神，把握方向，"人间正道是沧桑"，不是天天挂在嘴上就行的。"家事、国事、天下事"，做到"事事关心"确实有点难，也没必要，但是平常还是要多多关注国家大事，多学学中央政策精神。要学会站在天安门城楼上想问题，观天下。您想象一下，当您真正站在天安门城楼上的时候，哪怕是作为一个普通游客，您的心境会迥然不同，站在那里，您肯定会感受到历史，想到曾经的筚路蓝缕和无限辉煌，看到人民英雄纪念碑，想到中华民族是如何站起来、富起来、强起来的等。而这些感觉，就是胸怀，是做大事成大事的基础。懂政治，进一步具体点儿说，一是确保政治正确。二是要遵纪守法。三是要有政治鉴别能力，在大是大非面前头脑清醒，不能利令智昏。四是要有很强的方向感。这个方向感包括经济、政治、社会等发展方向，当然也包括自己人生在不同阶段的发展方向，这对自己来说是最大的政治。政者，正也，大也；治者，就是要努力追求"正大光明"，事业如此，人生也如此。懂政治非常重要和管用，本人亲身经历了不少案例，考虑到所涉及的人和事过于敏感，此处无法分享了，有点小遗憾。如果有缘分，线下沟通时是可以给您讲讲这些精彩故事。

这里还要多说一句，懂政治不是天生就有的能力，需要不断学习，尤其要学习经典，经典之所以能够成为经典，必有其过人之处。这里给大家推荐一本书，跟马克思有关，估计不少人一听，就会产生排斥心理。先不要排斥，读了必有大收获。书名是《一篇读罢头飞雪，重读马克思》，作者是韩毓海，北京大学中文系教授。书名中的"一篇读罢头飞雪"，是毛主席《贺新郎·读史》中的精彩句子。本书从现代资本与金融革命的问题出发，结合中国及世界上社会政治与经济革命的漫长历史，重新叙述了马克思主义学说，以历史唯物主义方法探寻中国千年兴衰的动因，并就当今世界经济危机、中国金融改革进行了发人深省的思考。北大中文系教授的文字功底和独特人文视角，会帮助我们摆脱过去对于马克思形象的理论化束缚。看看下面这段文字，就会发现马克思主义的分析是多么的有生命力。

在马克思看来，所谓商品的价值，也就是其金融价值。"价值"，这是商品在金融时代所取得的一种形态，而这种形态是只知道"商品市场"的斯密等人所看不到的。一件商品的金融价值可以远远大于其使用价值和交换价值，并且可以与其使用价值、交换价值毫无关系。实际上，只要想一想今天北京的房价，你就会知道马克思究竟在什么地方超越了斯密的商品价值论。[①]

对于那些真正有教养的人来说，他们终究有一天会认识到：人类只不过刚刚开始真正地迎来了阅读马克思

---

① 韩毓海著：《一篇读罢头飞雪，重读马克思》，第44页，中信出版社。

的时代。

二、明经济能力

搞学术就是这样，各领域自说自话。前面说人是天生的政治动物，而在经济学领域则有所谓经济人的假设，认为人是以完全追求物质利益为目的，都希望少付出多获得。现实中，人是复杂的，一会儿是天使神仙，一会儿可能是魔鬼撒旦，可爱得很。各种人的假设，包括性善论、性恶论的假设，这是搞学术，是建立自己分析模型基础的需要，仅供我们参考。在中国传统文化中，"经济"一词是"经邦""经国"和"济世""济民"，以及"经世济民"等词的综合和简化，含有"治国平天下"的意思，这就又回到了懂政治、有情怀层面的问题了。这里说的明经济，就是简单的字面意思，懂点儿经济的基础知识，会算点经济的基本账。具体来说，我觉得有三个点要注意：

一是要有市场意识。现在是市场经济，不懂市场，寸步难行，还咋谈如何挣钱。进一步推演，那就要有投入产出和自我推销的意识。在浩瀚的市场中，您我都是产品，酒香也怕巷子深啊！我们自身既然是产品，所以我们也要学会如何包装自己，如何提升自身附加值，也就是我们常说的人力资本价值。当然，我们也不要过于迷信市场，迷信金钱，相信"有钱能使鬼推磨"，更甚之，"有钱能使磨推鬼"。我们要站在钱之上，成为财主；

不要站在钱之下，成为守财奴。"鬼"和"磨"，都不是人。

二是要有风险意识。古人讲：君子不立于危墙之下。这就是风险意识。这个相对好理解。但市场经济中有很多陷阱，有很多变量不可控，不少人只想着收益、挣钱，往往将风险抛之脑后。比如身边处处可见的各式各样的庞氏骗局，我身边好几个亲戚和朋友都深陷其中，养老的钱打了水漂。再比如炒股票，用"炒"这个字儿，就已经揭露其风险了。想一想多少人是靠炒股票发大财的，还有多少人是为此挥泪割肉的，看看大数据，多少散户挣钱了？凭什么挣钱的非得是您不可呢？本人2007年拿到北大金融学硕士学位后，觉得需要在金融市场上实践一把，于是也开始炒股票，炒到2009年，再不玩了。对我们个人而言，就是要有风险意识。当然风险意识不光体现在这方面，古人说的"防人之心不可无"也是风险意识。

三是要节俭勿膨胀。网上有很多好玩的段子，比如"何以解忧,唯有暴富"，比如对"等我有钱了"的各种神接龙："等我有钱了，买两根棒棒糖，一根你看着我吃，一根我吃给你看。""等我有钱了，买两双鞋，一样一只穿脚上。""等咱有了钱，喝豆浆吃油条，想蘸白糖蘸白糖，想蘸红糖蘸红糖。豆浆买两碗，喝一碗，倒一碗！"当然这些更多的是没钱人的调侃、戏谑和心酸。还有一句话，贫穷限制了我们的想象。从古到今，从小到大，我们的脑子里都盘旋着"锄禾日当午，汗滴禾下土。谁知盘中餐，粒粒皆辛苦"。提倡节俭生活，反对浪费奢靡，这是积累福德，是大账，要算明白。俞敏洪比我们绝大多数人都有钱吧，但他说："我家里没有超过1万块钱的东西，我住着普通的房子，穿着普通的服装，天天都吃盒饭，饺子，因为那样方便……"

三、做好人能力

一路成长，"做事先做人"的谆谆教导，始终不绝于耳。大家反复强调的东西，传承的东西，往往就是真理。"做事先做人"，这句话也是。我在国家机关做了20年的组织人事工作，深刻认识到人简单，事简单，但人事儿不简单。人选好了，选对了，事则水到渠成，自然而然。因为事更多的时候是靠人来做的，更何况中国是一个人情社会，更是如此。我非常崇敬的曾仕强老师在《中国式管理》一书中就反复强调，因事设人是有问题的，我们历来是因人设事，不要被所谓的西方现代管理科学迷惑了。在中国，对一个人做人的认可，是最大的认可。那么如何做呢？这真是千百年来的老话题。在这里也管中窥豹，简单谈几点。

一是要懂人情世故。讲到人情世故，大家肯定会立马想到《红楼梦》里提到的一副经典对联。《红楼梦》第五回："当下秦氏引了一簇人来至上房内间。宝玉抬头看见一幅画贴在上面，画的人物固好，其故事乃是《燃藜图》，也不看系何人所画，心中便有些不快，又有一副对联，写的是：世事洞明皆学问，人情练达即文章。"在电视剧《少帅》中，李雪健老师饰演的张作霖有句经典台词："江湖不是打打杀杀，那江湖是人情世故，能应对就不容易，要懂全，那绝对不可能。"令人印象深刻。我们无论做任何工作，都要和人打交道，哪怕您是搞技术的，也有团队合作的问题吧，也有科研成果被别人认可的问题吧。既然是与人打交道，就要客观冷静地认识人。

有句老话，说起来不太好听，但是很深刻：有时候，鬼是死了的人；有时候，人是活着的鬼。哪个更可怕？

20世纪90年代初，有一部电视剧叫《编辑部的故事》，在其中一集中，葛优和张国立有一段精彩的对话。葛优生动形象地描绘了不容易的人生，最后一句是："大街小巷，是个暗处就躲着个坏人，你说赶上谁都是个九死一生，不送命也得落个残疾。"接下来，张国立这一段话才更加戳心："这都是明枪，还有暗箭呢。势利眼、冷脸子、闲言碎语、指桑骂槐；好了遭人嫉妒，差了让人瞧不起；忠厚的人家说你傻，精明的人家说你奸；冷淡了大伙儿说你傲，热情了群众说你浪；走在前头挨闷棍，走在后头全没份；这也叫活着，纯粹是练他妈一辈子轻功。"30余年过去了，人性变了吗？千百年来都没变过，要接受这个事实。

二是要做"三好"之人。我们从上小学开始，"三好生"一直都是个金光灿灿的目标，学校年评，家长日促，学生只好自加压力。"三好生"的"三好"是啥？是指品德好，学习好，身体好。很全面，也很科学。进入社会、跨入职场，也有个"三好"。那就是星云大师说的要做"三好"之人。非常朴实，却又非常深刻。下面的解读有我个人学习体会和理解的成分。要想原汁原味了解星云大师的"三好"，建议大家上网查阅。

首先要"说好话"。说好话乃是修口，何为好话？星云大师说是真心话，真诚话，明理话。当然，说话还是一门艺术，可不简单，要看对象，看场合，看动机。"三季人"的典故想必大家都听说过。有人问孔子学生：一年有几季？学生答：四季。客曰：非也，三季。我们来问你的老师，如果你错了要给我磕三个响头。孔子知情后答曰：一年有三季。学生磕头而去，客人得意而走。孔子告知学生：夏虫不可语冰，此三季人也。这个故事有不同版本，大同小异，有考证说故事为后人杜撰，这都不重要，道理是真的就行。过去我们说一个人见人讲人话、见鬼讲鬼话，是贬义的，其实本应如此，难道你还要见人说鬼话、见鬼说人话不成？他听得懂吗？如果见人不讲人话，那讲啥话，咱是人，就得讲人话。中国话，就是这个样子，要多角度去理解，含义可能完全不一样。这也是智慧。近十多年来，经常听到一个词儿："香蕉人"，外黄内白黑眼珠，却听不懂中国话。

其次，要"做好事"。做好事，可以细分成三层意思。首先是价值判断、道德判断，就是做善事儿，不做坏事儿，重点在事上判断。其次是要把事情本身做好，要寻方法探规律，事半功倍，做到极致，重点在做上下功夫。同样的事情，不同的人做，效果往往差别很大，这也是每个人进步快慢的重要原因。有个传播甚为广泛的管理学案例——买土豆①，很生动地说明了把事情做好的重要性。第三层意思是在做事上修炼心性。如果把事情做过了，自己没有成长没有收获，那确实也有点遗憾。大儒王阳明先生强调知行合一，就是要在事儿上修炼，他说："人须在事上磨，做功夫，乃有益，遇事便乱，终无长进。"

---

① 买土豆案例（版本不同，逻辑同）：张三和李四同在一家土特产公司工作，相同的薪水。一段时间后，张三平步青云，李四没有起色。李四想不通：老板为何偏心？一次老板让张三与李四去本市两个镇的集市上看看是否有卖土豆的，张三去了 B 镇，李四去了 A 镇。李四回来汇报："A 镇只有一个农民拉了一车土豆在卖。""有多少？"老板又问。李四没问过，于是赶紧又跑回 A 镇市集，然后告诉老板："一共 40 袋。""价格呢？""您没有叫我打听价格。"李四委屈地说道。没过多久张三回来了，他一口气向老板汇报："今天集市上只有一个农民在卖土豆，一共 40 袋，价格是 8 毛5 分钱一斤。我还顺便带回来一个让您看看。"张三边说边拿出土豆，"我想这么便宜的土豆一定可以赚钱，根据我们以往的销量，40 袋土豆在一个星期左右就可以全部卖掉。而且咱们全部买下还可以再适当优惠。所以，我把那个农民带来了，他现在正在外面等您回话呢……"看到这，李四默默低下了头。

关于"存好心"，非常重要。前些年看到过不少类似的实验，用美好的言语、音乐或意念对待水或植物，水的结晶就会非常绚烂多彩，植物就会茁壮成长；反之，恶语相伤，水的结晶就会很丑陋扭曲，植物甚至会枯萎死掉。很是震撼。意念的力量非常强大。随着科学技术的发展，尤其是量子力学、量子纠缠的惊人发现，我们开始真的相信人与人、人与自然之间的神秘联系。所以要存善心去恶念，好好待人接物，面对消极的事情，多想多看积极的一面，传播阳光心态，传播正能量。

三是要把握方圆内外。"天圆地方"是中国文化的基石认知之一，由此衍生出众多文化价值观和礼仪准则。我们古人很多高明的智慧确实是既来自生活实际却又高于生活实际。比如见钱眼开，历来如此，也几乎人人如此。晋朝鲁褒所撰《钱神论》中对钱有个经典的论述："亲爱如兄，字曰孔方。失之则贫弱，得之则富强。"于是乎，我们总结出做人要向孔方兄学习，因为孔方兄是外圆内方，流通性好，且人人喜爱，所以要努力做到外圆内方：对外，懂得变通，懂得容忍包容，山不转水转，不能做直肠子、愣头青；对内，则有原则，有底线，有修为，能心安。由此可以实现内圣而外王，这也是古人的主流处世和修行路径。我觉得，这确实是一种很高的修行境界。那还有没有别的呢？当然有了。我们的文化是易经文化，一阴一阳之谓道。有外圆内方，就当然可以有内圆外方了。

古代很有名的礼器玉琮，就是内圆外方，筒型，用于祭祀神祇，距今约5000多年了。自以为，一个人40岁之前应主要追求外圆内方，四十不惑之后则应追求内圆外方。因为内圆外方的境界更为高妙。所谓内圆，即心性上要修炼内丹，宠辱不惊，道法自然，不惑而圆融通达，内部成为一个圆满的太极，形成坚强的核心，由此而生成真正的自信力量；所谓外方，即行事上不迎合、不谄媚、不随波逐流，坚持正道、严谨法则、张扬精神、坚韧不拔，干净利落，随心所欲不逾矩。如此，可以霹雳手段行菩萨心肠，镇服小人，羞辱伪君子（"世事不坏于真小人，而坏于伪君子"[1]），养浩然正气、铸仙风道骨，做正事儿，做大事儿，做成事儿。

以上主要侧重自我的修养、作为，做好了，自然就会拥有良好的人际关系，就会积累起重要的人脉资源。现在也有个流行的说法叫"社会资本"，据说该概念最早出现于1916年，由莉达·贾德森·汉尼芬提出。20世纪70年代以来，经济学、社会学、行为组织理论以及政治学等多个学科都开始关注一个概念。其含义是指个人在一种组织结构中所处的位置的价值；于群体而言，社会资本是指群体中使成员之间互相支持的那些行为和准则的积蓄。有点拗口。不去管它，虽然它有它的道理和

---

[1] 顾随：《中国古典文心》，北京大学出版社，第217页。

价值，但是本人还是有点不喜欢把人之间的关系用"资本"来表述，来绑架。讨厌被异化。还是我们老话说的，人脉资源比较好。人脉，证明你是其中不可分割的一个点，大家是个整体，脉络畅通才能健康，才有力量。用于经济领域，就是资本；用于人文领域，就是情感。这样多好，多含蓄，多有人情味儿。总之，做好人，确实非常重要，是职场必需，更是人生价值所在。

四、正情怀能力

情怀是个幽灵。年轻的时候满是情怀，容易激情澎湃，敢于改天换地。年纪大点吧，情怀也好，理想也好，变得遥不可及，成了稀罕物件。又不能当饭吃，谁稀罕。年纪再大点儿，它又来了，清晰、灵动、刚毅。它一直幽居在"灵台方寸山，斜月三星洞"，不生不灭，不增不减，不垢不净。那什么是情怀？至少要包括但不限于以下三点：首先是三观要正。什么是三观不同？《月亮与六便士》有一段话很精彩：你敬畏天理，他崇拜权威，这是世界观不同；你站在良知一边，他站在赢者一边，这是价值观不同；你努力是为了理想的生活，他努力是为了做人上人，这是人生观不同。其次是格局要大。不要把人生、梦想局限在个人的一亩三分地里，如此一生倒是不错，也是多少人奋斗的目标，但回头想想，好像缺少点啥，灵魂空荡荡。还是要关心点人类、国家、民族的大事儿，并为之努力奋斗一把。这样老了，给后代也有点精彩故事可讲。第三是有情趣。情怀不光包含这些高大上的方向，还包括生活情趣，这也是一种情怀。有一个有趣的灵魂非常重要，于自己能安适快乐自足，于他人能和善可爱可亲。明末清初散文家张岱著有一书《陶庵梦忆》，其中有句经典的话流传甚广："人无癖不可与交，以其无深情也；人无疵不可与交，以其无真气也。"

在物欲横流、遮蔽心灵的环境里，说情怀容易，谈情怀轻松，还很时髦，但真正践行确实不易，还容易被人嘲笑。在这里，不得不回顾一下、重申一番我们的传统：儒家的教诲。儒家教育读书人的情怀和目标是做一名君子，而且孔子老人家也一直在用自己的生命实践来给我们做榜样。"在陈绝粮，从者病，莫能兴。子路愠见曰：'君子亦有穷乎？'子曰：'君子固穷，小人穷斯滥矣。'"①"君子固穷"，简单四个字，多么震撼心灵，这就是我们的骨气。虽然这个追求很难，但君子是一种精神，更是一个追求的过程。关于此，余秋雨先生在《中国文脉》"老子和孔子"一篇中有一段非常精彩的感叹：

路上的孔子，一直承担着一个矛盾：一方面，觉得

①《论语·卫灵公》。

凡是君子都应该让世间充分接受自己；另一方面，又觉得凡是君子都不可能被世间充分接受。

这个矛盾，高明如他，也无法解决；中庸如他，也无法调和。

在我看来，这不是君子的不幸，反而是君子的大幸，因为"君子"这个概念的主要创立者从一开始就把"二律背反"输入其间，使君子立即变得深刻。是真君子，就必须承担这个矛盾。用现在的话说，一头是广泛的社会责任，一头是自我的精神固守，看似完全对立、水火不容，却在相互抵牾和撞合中构成了一个近似于周易八卦的互补旋涡。在互补中仍然互斥，虽互斥又仍然互补，就这样紧紧咬在一起，难分彼此，永远旋动。

这便是大器之成，这便是大匠之门。

后代总有不少文人喜欢幸灾乐祸地嘲笑孔子到处游说而被拒、到处求官而不成的狼狈，这真是以小人之心度君子之腹了。孔子要做官、要隐居、要出名、要埋名，都易如反掌，但那样陷于一端的孔子就不会垂范百世了。"①

五、勇奋斗能力

奋字，最早见于金文，本意是鸟儿张开并振动翅膀。

---

① 余秋雨：《中国文脉》，长江文艺出版社，第131页。

鼓翼飞翔是要用力的，由此而又派生出"振作""鼓劲""发扬""奋斗"等引申义来。"斗"过去写作"鬥"，是象形字，像披头散发的两个人徒手相搏。从文字本身看，从古至今奋斗的姿势确实可爱，也可以说，奋斗是生命体本身张力的释放和展现，只要活着就有奋斗，当然低层次的奋斗是为了吃喝拉撒等基本生理生存需求，高级一点的奋斗是为了某种精神。20世纪90年代，我上大学本科时，对我影响较大的一本书是法国作家罗曼·罗兰的作品《约翰·克里斯多夫》，著名翻译家傅雷先生在开篇的《译者献词》更是值得反复品味，我觉得，作为职场人每天读读这篇闪亮的文字，必然会不断充满奋斗激情。特摘录如下：

真正的光明决不是永没有黑暗的时间，只是永不被黑暗所掩蔽罢了。真正的英雄决不是永没有卑下的情操，只是永不被卑下的情操所屈服罢了。

所以在你要战胜外来的敌人之前，先得战胜你内在的敌人；你不必害怕沉沦堕落，只要你能不断地自拔与更新。

《约翰·克利斯朵夫》不是一部小说，——应当说：不只是一部小说，而是人类一部伟大的史诗。它所描绘歌咏的不是人类在物质方面而是在精神方面所经历的艰险，不是征服外界而是征服内界的战绩。它是千万生灵的一面镜子，是古今中外英雄圣哲的一部历险记，是贝多芬式的一阕大交响乐。愿读者以虔敬的心情来打开这部宝典吧！

战士啊，当你知道世界上受苦的不止你一个时，你定会减少痛楚，而你的希望也将永远在绝望中再生了吧！

遗憾的是，伟大如傅雷先生，最后也没有修炼到位，感兴趣的读者可以读读《傅雷家书》中的"傅雷遗书"。令人唏嘘。世事过于复杂艰难，我们只能感慨。

我有一次坐地铁，看到对面小伙子正在看一本书——《平凡的世界》，瞬间产生共鸣，这是影响几代人的作品，充满了奋斗精神。当然，也有不可爱的时候，比如2021年3月13日，《光明日报》发表评论文章，就当下企业"996工作制"对年轻人造成的身心影响进行评价，称过度加班是对员工劳动力的占用和盘剥，认为996和007是违法不是奋斗[1]。但不管怎样，人的一生，奋斗这两个字是躲不过去的，有人早点，事半功倍，有人晚点，事倍功半。所以，踔厉奋发，勇毅前行，就在当下。

---

[1] 光明时评《过度加班是对员工劳动力的占用和盘剥 996和007是违法不是奋斗》，来源：光明日报。https://m.gmw.cn/baijia/2021-03/12/1302161552.html.

六、善调心能力

"不如意事常八九，可与人言无二三"。我们无法改变客观世界，但是能够调整主观自我，以适应环境。这也是优胜劣汰、适者生存的必然要求。新世纪以来，全球性的政治、经济、思想、文化甚至道德等都发生了巨大的变化。所有这些变化都产生了这样的影响：一是价值观越来越多元包容，但往往让人们六神无主。二是生活工作节奏的不断加快，总有一种咄咄逼人的紧张感；三是来自各方面的竞争压力加大，危机感增强；四是对许多新的东西难以适应，难以理解，思想上常会产生一种茫然感；五是面对变化了的、更高要求的工作感到力不从心，精神上感到焦虑，心理负担加重，出现知识恐慌、本领恐慌等。而这些都会增加人们的心理压力。心理行为异常和常见精神障碍人数逐年增多，个人因极端情绪引发的恶性案（事）件时有发生，个体心理行为问题及其引发的社会问题日益凸显，成为影响社会稳定和公共安全的危险因素。

习近平总书记在2016年全国卫生与健康大会上提出，要加大心理健康问题基础性研究，做好心理健康知识和心理疾病科普工作，规范发展心理治疗、心理咨询等心理健康服务。2016年12月30日，国家卫生计生委、中宣部等22部门以国卫疾控发〔2016〕77号联合印发了《关于加强心理健康服务的指导意见》。《意见》开篇第一句定调就是："心理健康是影响经济社会发展的重大公共卫生问题和社会问题。"进一步强调："加强心理健康服务、健全社会心理服务体系是改善公众心理健康水平、促进社会心态稳定和人际和谐、提升公众幸福感的关键措施，是培养良好道德风尚、促进经济社会协调发展、培育和践行社会主义核心价值观的基本要求，是实现国家长治久安的一项源头性、基础性工作。"

看到了吧，这是"实现国家长治久安的一项源头性、基础性工作"。

于我们个人而言，首先要认识到心理健康是个重要问题，心理上有障碍想不通，很正常，没啥不好意思的，主要不是自己的错，这有其客观而普遍的原因，也是客观而普遍的现象。您想想看，总书记都指示了，22个部委都联合发文件了。从2016年下发文件，时间转眼过去了六七年了，问题还没有重大改善。2023年10月10日，《好心情》联合中国麻醉药品协会精神卫生分会，在北京共同发布了《2023年度中国精神心理健康》蓝皮书①，数据显示，随着生活和工作节奏加快，社会竞争急速加剧，国民心理压力大大增加，群众心理健康问题凸显，我国成人抑郁风险检出率为10.6%，焦虑风险检出

---

① https://www.sohu.com/a/729004313_121655723.

率为15.8%，仅有36%的国民认为自己心理健康良好，在自我评估"较差"的人群中，抑郁风险检出率高达45.1%。所以，任重而道远啊！作为个人要有这个心理准备。

其次，我们要学会及时主动调整自己的心态。要有积极、乐观、向上的精神状态和对工作生活的热情；要能根据形势和环境变化适时调整自己的思维和行为，保持良好的心态、情绪；要增强自信，坚定意志，能正确对待和处理顺境与逆境、成功与失败；在职场中要心胸开阔，容人让人，不嫉贤妒能。

"宝宝心里苦"曾经流行于网络，成为2015年的年度热词，其完整表述是"宝宝心里苦，但宝宝不说"。后来还出现了一首歌，名字就叫《宝宝心里苦》，由徐清波填词谱曲演唱，更多是讲爱情的。歌曲反复吟唱："都知道宝宝心里苦，我们都清楚。这些年努力付出，根本没有过幸福。我知道宝宝心里苦，有苦你就哭。既然爱情已作古，不要吊在一棵树。"

所以，最后一句很关键，不在一棵树上吊死。此路不通，赶紧调整，振奋精神，只要心中有阳光、有激情，"天涯何处无芳草"。是的，还是要学习我的偶像苏轼的精神，当看到"枝上柳绵吹又少"的时候，刚开始感伤，突然接上一句"天涯何处无芳草"，每一缕飞絮都将飞到遥远的不可知的地方，又会有新的绿色生命诞生。我们要时时能看到事物的另一面，处处看到事物的另一面，这样我们的心才是灵动的，有活力的，才能站在更高的维度、站在上帝视角来审视一切，才能拥有更强的抗击打能力。

生活如此，职场更如此。

当然，还有更高级的调心术。转述一个禅门公案，我们各自参悟。

据《禅宗颂古联珠通集》载："楼子和尚过街市，经酒楼，偶整衣带，停足小住，忽闻楼上有人唱曲云：'你既无心我便休'。当下大悟，遂号楼子。"

此时，我们也许会想到苏东坡留给世人的最后四个字："著力即差"，想到《金刚经》中的一句话："应无所住而生其心"。

慢慢参悟，不着急，不执著，不着力。

第五章　体制内的积极稳妥

先看对两个问题的回答，然后我们来感受体制内。

为什么要考中央国家机关公务员？

2022 年初我回答这个问题，当时说可以从三个大方面来分析：第一，有利于增长才干。中央国家机关工作，需要全球视野，战略思维，综合能力素质要求非常高，如果您能在这儿工作 10 多年，能力素质必将会大大提升。第二，有利于幸福人生。古人常说"身在公门好修行"，在这个平台上，能够实现您"指点江山激扬文字"梦想，做的工作是为人民服务的大修行。降低一点说，10 多年机关教育规范，端正了人生观、价值观，今后一生基本不会跑偏。否则，大学一毕业就闯荡江湖，遇到的复杂情况会多得多。第三，这是最经济的选择。在国家机关干 10 多年，北京户口免费解决了，房子分到了（当然自己也是要掏一部分钱的），甚至子女上学问题也解决了，这得值多少钱？而且干到处级干部，如果真想离开，转身就可能拿年薪。大家想想，中国民营企业平均寿命据说只有 3.7 年，除非您是技术大咖，还得赶上风口，要飞起来，谈何容易？所以说，考中央国家机关公务员：不是上岸偷安，而是登高望远。不是权宜之选，而是人生大业。不是只有付出，而是增长才干。不是一贫如洗，而是低调奢华。

是不是有所动心？

如何看待公考热？

还有一次，2022 年 6 月，我接受一个访谈，对方问："从 2009 年算起，国考已经连续 13 年报名在百万人以上，2022 年国考报名更是突破了 200 万大关，通过资格审查人数与录用计划数之比约为 68∶1，创历史新高，现在不仅仅是应届毕业生、很多名校学校、留学生乃至工作多年的职场人，都纷纷加入考公的队伍中。对于公考热这个现象您是如何看待的呢？您觉得公考热会不会因为疫情结束而出现降低？"

我的回答是："这两年公考热再次成为大家关注的话题，有关的新闻报道，有关的各种评论，可以说刷爆屏幕。现在有一种常见观点，把公考热度作为衡量经济发展热度的重要参考指标，我觉得有一定的道理，但是也不尽然。我个人觉得：所谓公考热，不是新鲜事儿，是一个非常古老的话题和现象。大家想一想，公考什么时候不热呢？

回顾历史，几千年来，公考就已经很热了。但我觉得，无可厚非，甚至可以说，是民族之幸。我们的文化基因就已经给我们做了设定。古人强调，学而优则仕，强调修身齐家治国平天下的人生情怀和修行目标，强调身在公门好修行等，这些都深深烙在了我们的骨子里。恰恰是这个文化基因，这个思想机制，造就了我们辉煌的古代文明。为什么这么说呢？大家都知道科举制，正是通过科举选官，才在一定程度上保证了阶层的适度流动。

回到当下，形成公考热的原因也是多方面，除了上面说的历史文化心理和传统的原因，经济发展形势、新冠疫情的影响、大学生就业难等，可能都有影响。我觉得，即使疫情过去了，这个热度也不会减多少。这很正常，国家也需要青年才俊来治理啊！如果公务员队伍的能力素质很低，我们这个国家和民族如何强大和复兴呢？但是，要是适度引导。现在不少人考公务员，但他们根本不了解公务员是干啥的，盲目地考，考上了，没待几年就想辞职，所以国家规定公务员有个最低服务年限，这也从一个侧面反映了公考热从一定程度上带有盲目性。我们要以平常的心态看待公务员职业，不要对之有过多复杂的幻想，其实公务员确实是崇高的职业，为人民服务，但也意味着要无私奉献，耐得住清贫。社会上不少人对这个职业不了解，充满了不切实际的想象。其实是谁干谁知道。"

这些年，在对公务员职业进行热炒的同时，也有不少来自于清醒者的"冷嘲"，比如网上有人说："我的公务员男朋友，忙到等于没有。"还有人说："公务员男友因为加班太多，被我甩了。"[①] 这个现象很正常，现实中不少家庭里的公务员也是忙到等于没有，不仅人见不到，关键是钱也没有。其实他们确实不容易，公务员从古至今都不容易。当然有的读者可能会抬杠，我也不否认有的并非如此，我们都承认，但那是另一个问题了。我们来看一下古代公务员的工作状态吧。

《诗经》国风召南有一首小诗歌，题目是《小星》：

嘒彼小星，三五在东。
肃肃宵征，夙夜在公。
寔命不同！
嘒彼小星，维参与昴。
肃肃宵征，抱衾与裯。
寔命不犹！

翻译成白话文，就是：

---

①https://baijiahao.baidu.com/s?id=1777997547038770787&wfr=spider&for=pc.

小小星辰光朦胧，三个五个闪天东。

天还未亮就出征，从早到晚都为公。

彼此命运真不同。

小小星辰光幽幽，原来那是参和柳。

天还未亮就出征，抛撒香衾与暖裯。

命不如人莫怨尤。[①]

我估计不少现在的公务员读到这首小诗的时候会感到无比共鸣。当年，我把这首诗转发到朋友圈，就有几个同事在留言区偷笑。

好了，我们再回到对体制的讨论。我们要想去体制内工作，要搞清楚与此相关的三个问题：什么是体制内？体制内工作有什么特点？在体制内工作应当具备和不断提升哪些能力？第三个问题我们将在下一章专门讨论。

什么是体制内？

我们是从计划经济时代过来的，所以往往感到体制无处不在，这种感觉是对的。但当下，体制内是有迹可循的，而且非常清晰。"体制"一词，有多个含义，比

---

①姜亮夫等：《先秦诗鉴赏辞典》，上海辞书出版社，第41~42页。

如指组织方式、组织结构，文章中的结构、体裁，国家机关、企业和事业单位的机构设置、管理权限等。据考证，该词出自嵇康的《琴赋》："然八音之器，歌舞之象，历世才士，并为之赋颂。其体制风流，莫不相袭。"我们现在说的体制内，是指行使公共权利、提供公共服务或者与其相关的国家机关企事业单位。从分类的角度看，当前党和国家机构职能体系包括：党的领导体系，政府治理体系，武装力量体系，群团工作体系等。改革和发展的目标是系统性增强：党的领导力、政府执行力、武装力量战斗力、群团组织活力。具体落实到机构上来说，主要是：党的机关、国家权力机关、国家行政机关、政治协商会议机关、国家监察机关、国家审判机关、国家法律监督机关、民主党派机关，以及群团组织、事业单位、基层组织，军队，国有企业等。

要想进一步深入理解体制内的运行方式和规律，有一个重要文件需要认真学习一下，即 2019 年 10 月 31 日中国共产党第十九届中央委员会第四次全体会议通过的《中共中央关于坚持和完善中国特色社会主义制度 推进国家治理体系和治理能力现代化若干重大问题的决定》（以下简称《决定》）。该《决定》系统总结了我国国家制度和国家治理体系的巨大成就和显著优势，深入回答在我国国家制度和国家治理体系上应该 "坚持和巩固什么、完善和发展什么"这个重大政治问题，深入阐释了支撑中国特色社会主义制度的根本制度、基本制度、重要制度，对新时代坚持和完善中国特色社会主义制度，推进国家治理体系和治理能力现代化作出顶层设计和全面部署。鉴于该《决定》已全文在网上公开发布，建议读者自行学习，尤其是想去体制内或已在体制内工作的朋友认真读读，如此可以把握体制的灵魂和精神。

习近平总书记 2018 年 2 月，在党外人士座谈会和民主协商会上的讲话指出："党和国家机构职能体系是中国特色社会主义制度的重要组成部分，是国家治理体系和治理能力的重要支撑。党和国家机构属于上层建筑，必须适应经济基础的要求。经济不断发展，社会不断进步，人民生活不断改善，上层建筑就要适应新的要求不断进行改革。这是人类社会发展的一条普遍规律。机构改革是一个过程，不会一蹴而就，也不会一劳永逸，需要不断进行调整。"所以体制内的机构和岗位也是动态调整的，这就是我们各方面都十分关注的机构改革。作为准备公考的考生，必须高度关注，尤其是要学习领会其中蕴含的道理和规律。

新中国成立以来，我国党和国家机构的设置，随着政治、经济形势的发展和变化不断调整，其沿革情况可划分为三个时期。

第一，新中国成立初期，即 1949 年至 1956 年。

第二，开始全面建设社会主义时期，即 1956 年至

1976 年。

第三，改革开放以来，也就是 1978 年至今，这个时期共有 9 次机构改革，分别是 1982 年机构改革、1988 年机构改革；之后，每 5 年有一次机构改革，分别是 1993 年、1998 年、2003 年、2008 年、2013 年、2018 年、2023 年。

这里只是给大家列出了线索。感兴趣的可以自己查阅资料，认真研究机构改革过程中蕴含的基本规律，提升自己思维的高度、深度和广度。

体制内工作的特点

体制内工作的特点，从不同视角看，可以概括出许多不同特点。这里主要从体制内外工作的对比中来分析，认为以下几个特点可能较为突出。当然，有些特点比如旗帜鲜明中坚持党的领导，体制外工作也是需要强调的，这个毫无疑问、毋庸置疑。因为这是历史的选择，人民的选择，实践的选择，正确的选择。体制内工作的特点具体来说：

一、旗帜鲜明

先来简要回顾两个大家比较熟悉的重要历史事件。

1927 年，毛泽东率领秋收起义部队到达江西省永新县三湾村进行改编，首次提出"支部建在连上"，使军队党的建设形成了"连支部、营委、团委、军委"四级党的领导机关，这就在部队建起完整的党组织体系，为党全面建设和掌握部队提供了可靠组织保证。"支部建在连上"，使党的路线、方针、政策落实到基层有了不可替代的制度构架，也为基层党支部在基层发挥领导核心作用、联系群众和党员的桥梁和纽带作用奠定了基础。

习近平总书记曾指出，在我军初创时期，就确立了党指挥枪的原则，三湾改编的最大成果就是在工农革命军中健全党的组织，把支部建在连上。总书记还引用过毛泽东同志的话："红军所以艰难奋战而不溃散，'支部建在连上'是一个重要原因。"

1929年12月28日，在福建省上杭县古田村，时任中国工农红军第四军前委书记的毛泽东在这里主持召开了红四军第九次代表大会，即著名的"古田会议"，确立了"思想建党、政治建军"的原则。古田会议决议的中心思想是要用无产阶级思想进行军队和党的建设，并根据中共中央的指示，选举产生了新的红四军前敌委员会，毛泽东当选为书记。

习近平总书记2014年10月31日在全军政治工作会议上讲话指出："古田是我们党确立思想建党、政治建军原则的地方，是我军政治工作奠基的地方，是新型人民军队定型的地方。到这里开会具有标志性意义。古田这个地方，我是很熟悉的，多次到过这里。我军政治工作萌芽于大革命时期，创立于建军之初，奠基于古田会议，在长期革命、建设、改革实践中不断丰富和发展。"

正是这些关键时刻的关键决策、正确决策，以及后来一系列的斗争实践证明、丰富、完善，始终坚持党的领导、始终坚持全心全意为人民服务的宗旨这一真理才能在祖国大地开花结果，带领中国人民从站起来到富起来，再到强起来，从胜利不断走向新的胜利。

2018年7月12日，习近平总书记对中央和国家机关推进党的政治建设作出重要指示强调，中央和国家机关首先是政治机关，必须旗帜鲜明讲政治，坚定不移加强党的全面领导，坚持不懈推进党的政治建设。中央和国家机关工委要强化统一领导中央和国家机关党的工作的政治担当，指导督促部委党组（党委）认真履行机关党建主体责任，以党的政治建设为统领，形成强大合力，推动全面从严治党各项举措落地见效，开创中央和国家机关党的建设和各项事业新局面。①

所有这些要求，概括一个词就是旗帜鲜明。

回到体制内日常工作中，我们会注意到我们印发的文件、领导讲话中，几乎都要反复强调指导思想，强调工作总体要求和工作原则。这是我们的旗帜。只有向旗

①《习近平对推进中央和国家机关党的政治建设作出重要指示》，2018-07-12 15:39 来源：新华社。https://www.gov.cn/xinwen/2018-07/12/content_5305917.htm.

帜看齐、对齐，才能不出偏差，不犯原则性错误，才能不断统一思想，凝聚精神，形成合力，推动各项伟大事业取得伟大胜利。

二、力量强大

习近平总书记指出："我们最大的优势是我国社会主义制度能够集中力量办大事。这是我们成就事业的重要法宝。"体制内工作是有力量的，在其外看来，这种力量是非常强大的。力量来自何处？一是来自真理的力量。公职部门，一个大大的"公"字儿，公共意志、公共权利、公共服务，就是真理，就是力量，因为它代表着人民的意志，坚守着为"全心全意为人民服务"的宗旨。二是来自组织的力量。体制内的单位之间是非常有组织的，是一个系统的治理体系，相互之间分工合作，合力强大。在其中工作的个人，背后是强大的国家机器，其许多职务行为都是以国家机器为背书的，是以强制力为后盾的。三是来自队伍的力量。体制内的岗位、人员是一个整体，其思想、能力、作风要求几乎是整齐划一，加上体制内是高素质人才的聚集高地，这支队伍怎能没有战斗力？

正是我们的组织有力量，我们才能够办大事儿，能干大工程，遇到挑战时，能够迅速整合力量，同舟共济，战胜困难。回首我们走过的路，我们靠着这股力量，实现了一个又一个"不可能",创造了一个又一个难以置信的奇迹。中华人民共和国成立初期,百废待兴,却克服一切困难建立起独立工业体系,改变了贫穷落后面貌。20世纪六七十年代,全国"勒紧裤腰带"在极其艰难的环境下研制成功"两弹一星",保障了国家安全,提高了国际地位。中国特色社会主义进入新时代,我们解决了许多长期想解决而没有解决的难题,办成了许多过去想办而没有办成的大事。中国用短短几十年的时间走过了西方发达国家几百年走过的工业化历程,从"现代化的迟到国"一跃成为"现代化的视觉中心"[①]。

当然,这里需要提醒下,体制力量强大,并不能等同于个人牛。作为体制内工作的人,不能狐假虎威,要知道我们是因为背后的牌子才显得有点"神通"。清朝陈确的《陈确集·别集·治怒》中有一句话,值得体会:"私怒决不可有,公怒决不可无。公怒为天下国家,私怒只为一己。"

切记切记。

三、组织有序

体制内的机构设置秩序井然。首先是党中央高度重视,把机构编制资源放在重要政治资源、执政资源的高

---

① 任平:《集中力量办大事——坚定我们的制度自信》,共产党员网,https://www.12371.cn/2019/12/27/ARTI15773986668152778.shtml.

度来认识。中共中央于 2019 年 8 月专门印发了《中国共产党机构编制工作条例》（以下简称《条例》），为党管机构编制作出制度性安排，是统领机构编制领域各项法规制度的基础主干党内法规，是机构编制工作的基本遵循。《条例》的制定和实施，对于完善党和国家机构法规制度，推进机构编制法定化，提升机构编制工作服务党和国家事业大局的能力，提高党的领导水平和执政水平，具有十分重要的意义。二是党中央设立中央机构编制委员会，作为党中央决策议事协调机构，在中央政治局及其常委会领导下开展工作，负责党和国家机构职能体系建设的顶层设计、总体布局、统筹协调、整体推进、督促落实。三是坚持优化协同高效原则。《条例》第三条强调："适应新时代新形势新要求，力求科学合理、权责一致，科学审慎设置党和国家机构，统筹谋划好党和国家机构职能体系建设；力求有统有分、有主有次，理顺党的领导体系和政府治理体系、武装力量体系、群团工作体系之间的领导指挥关系，明确其他各个体系的职责定位，完善党和国家机构布局；力求履职到位、流程通畅，统筹干部和机构编制资源，提高各类组织机构贯彻落实党的决策部署的效率，构建运行顺畅、充满活力、令行禁止的工作体系。"四是指挥统一，分工明确，合力强大。举个例子，2022 年 10 月 15 日国务院办公厅印发了《国务院办公厅关于印发第十次全国深化"放管服"

改革电视电话会议重点任务分工方案的通知》[①]（以下简称《方案》），大家想想看，为了推进"放管服"改革，这是召开的第十次全国性会议进行研究部署，而且还专门形成并印发了会议重点任务分工方案，要求各省、自治区、直辖市人民政府，国务院各部委、各直属机构"结合实际认真贯彻落实"，《方案》明确了各有关单位的任务，摘录一段，大家体会组织有序的感觉。

一、依靠改革开放释放经济增长潜力

（一）继续把培育壮大市场主体作为深化"放管服"改革的重要着力点，坚持"两个毫不动摇"，对各类所有制企业一视同仁，依法平等保护各类市场主体产权和合法权益、给予同等政策支持。（市场监管总局、国家发展改革委、工业和信息化部、司法部、财政部、商务部、国务院国资委、国家知识产权局等国务院相关部门及各地区按职责分工负责）

具体举措如下：

1. 落实好《促进个体工商户发展条例》，抓紧制定完善配套措施，切实解决个体工商户在经营场所、用工、融资、社保等方面面临的突出困难和问题，维护个体工商户合法权益，稳定个体工商户发展预期。（市场监管

[①]中华人民共和国中央人民政府网站，国务院公报，2022 年第 31 号，https://www.gov.cn/gongbao/content/2022/content_5725275.htm.

总局牵头，国务院相关部门及各地区按职责分工负责）

2.深入开展制止滥用行政权力排除、限制竞争执法专项行动，进一步健全公平竞争审查制度，建立健全市场竞争状况监测评估和预警机制，更大力度破除地方保护、市场分割，切实维护公平竞争市场秩序。（市场监管总局牵头，国务院相关部门及各地区按职责分工负责）

3.持续清理招投标领域针对不同所有制企业、外地企业设置的各类隐性门槛和不合理限制，畅通招标投标异议、投诉渠道，严厉打击围标串标、排斥潜在投标人等违法违规行为。（国家发展改革委牵头，国务院相关部门及各地区按职责分工负责）

各个单位按照分工，还要做好本单位内部的资源分工整合工作，而且要"挂图作战"，定期调度，定期向国务院汇报。这就是体制内推动工作的秩序。

再讲一个体制外的案例，佐证参考体会。华为公司创始人任正非先生，不愧在体制内工作过，当过军人，懂得体制的精髓，懂得组织秩序的伟大力量。在谈到公司管理时，他表示公司倡导集体主义下的英雄主义："我们允许个人英雄主义，但你先要有集体主义。如果专家完全脱离大平台创新，一个人孤军奋战，最后脱离平台造出来一个模块，这不是公司需要的。比如说鸿蒙系统将来是一个大盘子，一个盘子里装了好多水饺、丸子。

水饺说，我不要这个盘子，我要悬在空中，那怎么能行？"①

任正非先生还有一段精彩的话："这个时代，特别是中国这个时代，个人都忙着个人利益赚钱，已经没有这个整体观点了，要不中国怎么会食品污染这么厉害，要不整个环境破坏这么厉害，都是个人主义膨胀，集体主义丧失，否则才不可能出现这个情况。所以因此，在我们公司，还有几千个核心团队的团结，团结了15万员工。在这个时代是有压力的。这个压力最大的应该是美国。因为呢，他们都是以个人为中心，他们的公司说我们公司很激进，激进就是勒索客户的钱分给股东，那客户不满意，那客户就买我们的产品。"②

四、稳中求进

稳中求进，是习近平总书记多次强调的工作总基调，这既是治国理政的重要原则，也是做好经济工作的根本方法。稳中求进内涵非常丰富，有许多专门的研究文章，感兴趣的朋友可以自行查找学习。这里只是借用来描述体制内工作的风格特点。

工作态度上要稳中求进。体制内的工作，秉持的是

---

① 《任正非最新电邮：我们允许个人英雄主义，但你先要有集体主义》，中国企业家杂志，2020-10-12 10:14, https://baijiahao.baidu.com/s?id=1680310411967128118&wfr=spider&for=pc.

② https://www.douyin.com/video/7299036944254717211.

服务人民群众的理念和价值观，行使的是公共权力，做出的是公共决策，提供的是公共服务，牵涉到千家万户的公共利益，是大事儿，所以必须要有恭敬心，要稳妥，慎之又慎，要在坚定理想信念、牢记初心不忘使命的基础上，去勇毅前行，认真努力推进，在守正中去谨慎创新。推荐大家读读这篇文献：《推动中华民族伟大复兴号巨轮乘风破浪、扬帆远航——党的二十大报告诞生记》①，体会下其中蕴含的态度和精神。大家想想，《党二十大报告》通过3万余字要凝聚党心民心，全面总结过去五年工作和新时代十年的伟大变革，要提出开辟马克思主义中国化时代化新境界新要求，要擘画迈向全面建设社会主义现代化国家新征程、向第二个百年奋斗目标进军的宏伟蓝图。这是多么光荣而伟大的使命和任务。所以，习近平总书记亲自担任党的二十大文件起草组组长，全程领导党的二十大报告起草工作，倾注了大量心血，多次主持召开起草组工作会议，多次主持中央政治局常委会会议，中央政治局会议审议报告稿，对涉及党和国家事业发展的重大理论和实践问题进行讨论研究。党的二十大报告起草坚持走群众路线，充分发扬民主，反映人民意愿，汇集各方智慧，充分解放思想，广泛凝聚共识。

①《推动中华民族伟大复兴号巨轮乘风破浪、扬帆远航——党的二十大报告诞生记》，新华社 2022-10-26 00:00。https://baijiahao.baidu.com/s?id=1747675975451354745&wfr=spider&for=pc.

54 个单位承担重点课题调研任务，围绕 26 个专题开展调研，形成 80 份调研报告，共计 132.7 万字。在 3 个月连续深入调研中，64 个课题组到各省区市实地调研 179 批次；25 个课题组对 465 个单位进行书面调研；10 个课题组委托 252 个单位进行专题调研。各课题组共召开 1501 场座谈会、18 场视频座谈会，参会 19022 人次。课题组共咨询访谈 1847 人次。2022 年 4 月 15 日至 5 月 16 日，党的二十大相关工作网络征求意见活动开展。这是我们党历史上第一次将党的全国代表大会相关工作面向全党全社会公开征求意见。

工作方法上要稳中求进。我国幅员辽阔，国家制定出台一项政策，要考虑到方方面面，要考虑过去、现在、将来，要考虑东部、中部、西部，要考虑国外、国内，要考虑省市县乡，是一个系统工程，需要系统思维。所以，先搞试点，局部创新突破，再总结经验，再完善决策，再推广到面。由点到面，由局部到整体，就成了基本的工作方法。为的也是一个稳字，稳定，稳妥，稳慎，绝不能犯底线性、战略性失误。"治大国若烹小鲜"，不能大起大落狠折腾。

工作作风上要稳中求进。正是因为上面的特点，体制内工作对我们工作人员的要求也是稳字当头，稳中求进。比如《中华人民共和国公务员法》第十四条第四款规定公务员应当履行的八项义务之一就是："忠于职守，勤勉尽责，服从和执行上级依法作出的决定和命令，按照规定的权限和程序履行职责，努力提高工作质量和效率。"其关键词是服从、执行、权限、程序，这就是稳。所以机关里工作，最忌讳越级汇报，因为这打乱了秩序。当然，也不能一概而论，遇到特殊情况、特殊事情，也是可以越级汇报的。那是非常态，是另一个问题。所以机关里待久了，就自然会养成老成持重的感觉，办事儿有板有眼有节奏，谨言慎行，靠谱。这方面，大家可与国外有些政客的滑稽表演做对比，自然就会明辨。

第六章　体制内工作能力素质模型

20年前，原国家人事部组织新录用公务员入部培训，其中一个环节是请老公务员与学员座谈，我那时候有幸被人事司选中跟这些新入部的同志们交流，我当时讲了7个字的体会与大家共勉。后来被有的同志简称为"从政七字经"。真是"岂敢，岂敢"，能够给同志们有所启发就放心了。哪7个字呢：清、慎、勤、实、正、廉、挺。其中清、慎、勤3个字是古人的体会。梁启超在《新民说·论公德》中说："近世官箴，最脍炙人口者3字，曰：清、慎、勤。"何谓"清"：政治上清醒，思路上清楚，廉政上清白。何谓"慎"：慎言、慎行、慎独，尤其是防止祸从口出。何谓"勤"：不怕吃苦，身、口、意皆勤。何谓"实"：实事求是，做实在人，机关里都是人精，做作一辈子是不可能的，你是什么样的人就做什么样的人，本色演出。何谓"正"：正气、正义、正能量。何谓"联"：理论联系实际，用心联系领导，用情联系同事，学深请示汇报。何谓"挺"：挺者，挺也，坚韧不拔。曾国藩《挺经》说"好汉打脱牙和血吞"。

后来参与研究制定国家公务员能力标准，2003 年人事部印发《国家公务员通用能力标准框架（试行）》，提出国家公务员应当具备九大通用能力，即政治鉴别能力、依法行政能力、公共服务能力、调查研究能力、学习能力、沟通协调能力、创新能力、应对突发事件能力和心理调适能力，每个能力分列 4 至 5 个细化要素，同时要求各地、各部门在公务员培训、录用、竞争上岗、考核等工作中，要以标准框架为参考依据，体现通用能力的要求，并根据不同职务公务员的特点制定细化的标准。

2011 年，我又具体牵头参与制定《公务员职业道德培训大纲》，并于 2011 年 10 月 17 日以国家公务员局名义印发。文件强调要"以忠于国家、服务人民、恪尽职守、公正廉洁为主要内容，大力加强公务员职业道德培训，全面提升公务员职业道德水平，努力造就一支政治信念坚定、精神追求高尚、职业操守良好、人民群众满意的公务员队伍。"职业道德的提升确实是个重大理论问题，也是一个重大实践问题，如何使职业道德培训更具吸引力、感染力，更具针对性、实效性，值得深入持久探索。当时某知名报纸记者给我来电话，一起探讨职业道德培训问题，结果他所撰写的稿件根本没按约定提前给我看就发出去了，而且很多内容和我们沟通时的本意完全不一样。看来提升职业道德，是不少行业的共同课题。自此以后，我跟一些媒体人打交道，必须多留一个心眼了。

党的十八大之后，中央对干部队伍建设特别是干部能力素质建设提出了一系列新要求。

2013 年 6 月 28 日，习近平总书记在全国组织工作会议上指出："好干部的标准，大的方面说，就是德才兼备。同时，好干部的标准又是具体的、历史的。不同历史时期，对干部德才的具体要求有所不同。革命战争年代，对党忠诚、英勇善战、不怕牺牲的干部就是好干部。社会主义革命和建设时期，懂政治、懂业务、又红又专的干部就是好干部。改革开放初期，拥护党的十一届三中全会确定的路线方针政策，有知识、懂专业、锐意改革的干部就是好干部。现在，我们提出政治上靠得住、工作上有本事、作风上过得硬、人民群众信得过等具体要求，突出了好干部标准的时代内涵。概括起来说，好干部要做到信念坚定、为民服务、勤政务实、敢于担当、清正廉洁。"①这就是"信念坚定、为民服务、勤政务实、敢于担当、清正廉洁"20 字好干部标准的出处。这个标准赋予了好干部新的时代内涵，是新时期干部的实践准则和奋斗方向。

2017 年党的十九大报告《决胜全面建成小康社会 夺取新时代中国特色社会主义伟大胜利》强调指出："建

---

① 习近平：《论党的自我革命》，第 52 页，党建读物出版社、中国方正出版社、中央文献出版社。

设高素质专业化干部队伍。党的干部是党和国家事业的中坚力量。要坚持党管干部原则，坚持德才兼备、以德为先，坚持五湖四海、任人唯贤，坚持事业为上、公道正派，把好干部标准落到实处。坚持正确选人用人导向，匡正选人用人风气，突出政治标准，提拔重用牢固树立'四个意识'和'四个自信'、坚决维护党中央权威、全面贯彻执行党的理论和路线方针政策、忠诚干净担当的干部，选优配强各级领导班子。注重培养专业能力、专业精神，增强干部队伍适应新时代中国特色社会主义发展要求的能力。""领导十三亿多人的社会主义大国，我们党既要政治过硬，也要本领高强。"

2022 年党的二十大报告《高举中国特色社会主义伟大旗帜 为全面建设社会主义现代化国家而团结奋斗》强调："建设堪当民族复兴重任的高素质干部队伍。全面建设社会主义现代化国家，必须有一支政治过硬、适应新时代要求、具备领导现代化建设能力的干部队伍。坚持党管干部原则，坚持德才兼备、以德为先、五湖四海、任人唯贤，把新时代好干部标准落到实处。"

综上所述，中央对干部能力素质的要求是全方位的、历史的、动态的，但贯穿其中的一个不变的主线就是总书记强调的好干部标准。在体制内工作应当提升哪些能力？毫无疑问，就是好干部标准。因为你是干部身份，哪怕你不是干部身份，在体制内作为辅助工作人员，也要严格要求管理，学习贯彻好干部标准。

第一、信念坚定能力

习近平总书记指出，理想信念坚定，是好干部第一位的标准，就是要求党的干部必须坚定共产主义远大理想，真诚信仰马克思主义，矢志不渝为中国特色社会主义而奋斗，坚持党的基本理论、基本路线、基本纲领、基本经验、基本要求不动摇。①

我学习体会，信念坚定是灵魂，内容非常丰富，落实在具体行动上：一是要忠于中国特色社会主义事业，坚决拥护中国共产党的领导，在思想上、政治上、行动上与党中央保持高度一致。二是要忠于国家利益，维护党和政府形象、权威，维护国家统一和民族团结，严守国家秘密，同一切危害国家利益的言行作斗争。尤其是在地缘政治斗争异常复杂的今天，敌人间谍活动日趋活跃，必须要紧绷斗争这根弦。三是要忠于国家宪法，模范遵守法律法规，按照法定的权限、程序和方式执行公务，知法守法、依法办事，维护法律尊严。

---

① 习近平：《论党的自我革命》，第 53 页，党建读物出版社、中国方正出版社、中央文献出版社。

第二、为民服务能力

习近平总书记指出，为民服务，就是要求党的干部必须做人民公仆，忠诚于人民，以人民忧乐为忧乐，以人民甘苦为甘苦，全心全意为人民服务。[①]

我学习体会，为民服务是宗旨：一是要树立和坚持马克思主义群众观点，尊重人民群众历史主体地位，坚持以人为本、执政为民，对人民负责，为人民服务，受人民监督，让人民满意，永做人民公仆。二是要增强对人民群众的深厚感情，保持同人民群众的血肉联系，把实现好、维护好、发展好最广大人民根本利益作为工作的出发点和落脚点。三是要坚持群众路线，尊重群众首创精神，深入调查研究，问政于民、问需于民、问计于民，积极回应人民群众要求。四是要增强为人民服务本领，善于做群众工作，努力提供均等、高效、廉价、优质公共服务，促进高质量发展。

第三、勤政务实能力

习近平总书记指出，勤政务实，就是要求党的干部必须勤勉敬业、求真务实、真抓实干、精益求精，创造

[①] 习近平：《论党的自我革命》，第53页，党建读物出版社、中国方正出版社、中央文献出版社。

出经得起实践、人民、历史检验的实绩。①

　　我学习体会，勤政务实是本分：一是要树立正确的世界观、权力观、事业观，把个人价值的实现融入为党和人民事业的不懈奋斗之中；二是要发扬职业作风，求真务实，勤于任事，艰苦奋斗，淡泊名利，兢兢业业做好本职工作；三是要严守职业纪律，严于律己，谨言慎行，不玩忽职守，敷衍塞责，不滥用职权、徇私枉法。

第四、敢于担当能力

　　习近平总书记指出，坚持原则、敢于担当是党的干部必须具备的基本素质。"为官避事平生耻。"担当大小，体现着干部的胸怀、勇气、格调，有多大担当才能干多大事业。敢于担当，就是要求党的干部必须坚持原则、认真负责，面对大是大非敢于亮剑，面对矛盾敢于迎难而上，面对危机敢于挺身而出，面对失误敢于承担责任，面对歪风邪气敢于坚决斗争。②

　　我学习体会，敢于担当是精神：一是要强化新时代新征程新使命的高度责任感，树立创造伟业的雄心壮志，

---

①习近平：《论党的自我革命》，第53页，党建读物出版社、中央文献出版社。
②习近平：《论党的自我革命》，第56、53页，党建读物出版社、中国方正出版社、中央文献出版社。

拒绝躺平。二是要提高担当成事的本领，坚持问题导向，善于科学决策、民主决策、依法决策。三是要加强斗争精神和斗争本领养成，着力增强防风险、迎挑战、抗打压能力，做到平常时候看得出来、关键时刻站得出来、危难关头豁得出来。

第五、清正廉洁能力

习近平总书记指出，清正廉洁，就是要求党的干部必须敬畏权力、管好权力、慎用权力，守住自己的政治生命，保持拒腐蚀、永不沾的政治本色。①

我学习体会，清正廉洁是本色：一是要崇尚公平，履职为公，办事出于公心，努力维护和促进社会公平正义。二是要正气在身，坚持真理、崇尚科学，诚实守信，为人正派，不以私情废公事，不拿原则作交易。三是要为政以廉，坚守信念防线、道德防线、法纪防线，不以权谋私，勇于同腐败现象作斗争，弘扬传统美德，模范遵守社会公德和家庭美德。四是要"守住内心，从小事小节上守起，正心明道、怀德自重，勤掸'思想尘'、多思'贪欲害'、常破'心中贼'，以内无妄思保证外

① 习近平：《论党的自我革命》，第53页，党建读物出版社、中国方正出版社、中央文献出版社。

无妄动"。①

习近平总书记在党的《二十大报告》中强调指出："坚持和发展马克思主义，必须同中华优秀传统文化相结合。只有植根本国、本民族历史文化沃土，马克思主义真理之树才能根深叶茂。中华优秀传统文化源远流长、博大精深，是中华文明的智慧结晶，其中蕴含的天下为公、民为邦本、为政以德、革故鼎新、任人唯贤、天人合一、自强不息、厚德载物、讲信修睦、亲仁善邻等，是中国人民在长期生产生活中积累的宇宙观、天下观、社会观、道德观的重要体现，同科学社会主义价值观主张具有高度契合性。"

前面讲的五个能力，除了信念坚定能力，其他的四个能力都在中华民族的伟大历史中源远流长，我们不断守正创新发扬光大。比如为民服务能力，在老子《道德经》第四十九章就讲："圣人无常心，以百姓心为心。善者，吾善之；不善者，吾亦善之，德善。信者，吾信之；不信者，吾亦信之，德信。"习近平总书记在《论党的宣传思想工作》中强调："在全面深化改革进程中，我们要坚持马克思主义群众观点，坚持党的群众路线，'以百姓心为心'，把实现好、维护好、发展好最广大人民根本利益作为推进改革的出发点和落脚点，让发展成果更多更公平惠及

---

① 见 2022 年 3 月 1 日，习近平总书记在中央党校(国家行政学院)中青年干部培训班开班式上发表的重要讲话。

全体人民。唯有如此，改革才能大有作为。"人民是历史的创造者。党的百年历史，就是一部党与人民同呼吸、共命运、心连心的历史。中国共产党之所以能够发展壮大，中国特色社会主义之所以能够不断前进，正是因为与人民的心紧紧连在一起。在近代中国最危急的时刻，中国共产党人用马克思主义真理的力量激活了中华民族历经几千年创造的伟大文明，用深刻的文化自觉唤起了亿万同胞的伟大觉醒，激励受剥削受压迫的劳苦大众浴血奋战、百折不挠，激励站起来的中国人民自力更生、发愤图强，激励改革开放大潮中的亿万人民解放思想、锐意进取，激励新时代的中国人民自信自强、守正创新[①]。

到这里，想到一个小故事，正应景。纪昀（纪晓岚）所著的志怪小说集《阅微草堂笔记》讲述了一件有趣的事儿，很耐人寻味，直到现在还被不断引用。

北村郑苏仙，一日梦至冥府，见阎罗王方录囚。有邻村一媪至殿前，王改容拱手，赐以杯茗，命冥吏速送生善处。郑私叩冥吏曰："此农家老妇，有何功德？"冥吏曰："是媪一生无利己损人心。夫利己之心，虽贤士大夫或不免。然利己者必损人。种种机械，因是而生，种种冤怨，因是而造；甚至遗臭万年，流毒四海，皆此

---

① 中央纪委国家监委网站：刘同华《以百姓心为心》，发布时间：2023-09-29 06:00。

一念为害也。此一村妇而能自制其私心，读书讲学之儒，对之多愧色矣。何怪王之加礼乎！"郑素有心计，闻之惕然而寤。郑又言，此媪未至以前，有一官公服昂然入，自称所至但饮一杯水，今无愧鬼神。王哂曰："设官以治民，下至驿丞闸官，皆有利弊之当理。但不要钱即为好官，植木偶于堂，并水不饮，不更胜公乎？"官又辩曰："某虽无功，亦无罪。"王曰："公一生处处求自全，某狱某狱，避嫌疑而不言，非负民乎？某事，畏烦重而不举，非负国乎？三载考绩之谓何？无功即有罪矣。"官大踌躇，锋棱顿减。王徐顾笑曰："怪公盛气耳。平心而论，要是三四等好官，来生尚不失冠带。促命即送转轮王。

为什么说信念坚定与其他四个能力相比有独特之处呢？因为它是根，是魂，是基础，更是统领。2021 年 11 月 11 日中国共产党第十九届中央委员会第六次全体会议通过的《中共中央关于党的百年奋斗重大成就和历史经验的决议》指出："1840 年鸦片战争以后，由于西方列强入侵和封建统治腐败，中国逐步成为半殖民地半封建社会，国家蒙辱、人民蒙难、文明蒙尘，中华民族遭受了前所未有的劫难……中国迫切需要新的思想引领救亡运动，迫切需要新的组织凝聚革命力量。十月革命一声炮响，给中国送来了马克思列宁主义。五四运动促进了马克思主义在中国的传播。在中国人民和中华民族的伟大觉醒中，在马克思列宁主义同中国工人运动的紧密结合中，1921年7月中国共产党应运而生。中国产生了共产党，这是开天辟地的大事变，中国革命的面貌从此焕然一新。"这是历史的选择，人民的选择，时代的选择，实践的选择。

是的，因为马克思主义，因为中国共产党，一切焕然一新，从此中华民族实现了从站起来、富起来到强起来的伟大飞跃。中国共产党成立一百多年来，不断从胜利走向新的胜利，根本原因就是始终有崇高理想和坚定信念。这个理想信念，就是马克思主义信仰、共产主义远大理想、中国特色社会主义共同理想。所以习近平总书记多次强调，对马克思主义的信仰，对社会主义和共产主义的信念，是共产党人的政治灵魂，是共产党人经受住任何考验的精神支柱；理想信念是事业和人生的灯塔，决定我们的方向和立场，也决定我们的言论和行动。他说："理想信念不是拿来说、拿来唱的，更不是用来装点门面的，只有见诸行动才有说服力。要知行合一、言行一致，保持对理想信念的激情和执着，牢固树立正确的世界观、权力观、事业观，用自己的实际行动为坚持和发展中国特色社会主义、为实现共产主义远大理想不懈奋斗。"①

①2017年10月25日，习近平在党的十九届一中全会上的讲话。

第六、机关三办能力

前面说的信念坚定、为民服务、勤政务实、敢于担当、清正廉洁五大能力，是总书记强调的好干部标准，是评价和选拔干部的依据，是我们在体制内工作的根本性要求和遵循。那么在日常工作中，尤其是机关工作中，就要落实到具体的"三办"能力，即：办文、办事、办会。这"三办"，在机关工作过的同志都知道，组织和领导也会反复强调，并且会通过培训、基本功训练、专业比武等各种方式措施来帮助大家提高。关于这方面的领导讲话和书籍，不说汗牛充栋吧，也差不多。说明确实重要。这里简要分享一点粗浅认识供大家参考。

关于办文能力

在体制内工作，文字能力强弱至关重要，尤其是在层级越高的机关，越是这样。文章是社会管理的工具，孔子说"一言兴邦"，曹丕说"文章乃经国之大业，不朽之盛事"。政治家把文章看作治理国家等政治事务中最要紧的一环。大家知道，在治理国家和管理社会的活动中，离不开作出决策等一系列行动。决策的主要载体就是文章，形成决议、决定、政策、法令、规章、制度等，要以文章的形式发布。南朝文学理论家刘勰在《文心雕龙》"书记第二十五"中说："夫书记广大，衣被事体，笔札杂名，古今多品。是以总领黎庶，则有谱籍簿录；医历星筮，则有方术占式；申宪述兵，则有律令法制；朝市征信，则有符契券疏；百官询事，则有关刺解牒；万民达志，则有状列辞谚：并述理于心，著言于翰，虽艺文之末品，而政事之先务也。"所以公文是"经国之枢机"，机关工作主要内容就是研究起草和办理公文。

毛泽东同志视笔杆子同枪杆子一样重要，经常亲自撰写理论文章、重要报告和往来文电。他强调："重要的文件不要委托二把手、三把手写，要自己动手，或者合作起来做。"邓小平同志也指出："拿笔杆是实行领导的主要方法。"1981 年中共中央指示，要求各级领导干部亲自动手起草重要文件，不要一切由秘书代劳。

习近平总书记对机关文稿起草工作非常重视。

习近平同志说，文件是用来指导工作的，要言之有物，有具体内容，有创新之处，连标点符号也不能马虎。文件、报告条理要清楚，观点要鲜明，把道理讲深讲透，通俗易懂，朴实无华。数字一定要核实准确，错误的和虚假的东西绝对不能出现。文风改革，坚持求实、求短、求新。文稿宜短则短，宜长则长，开题单刀直入，分析鞭辟入里，论证顺藤摸瓜，结论水到渠成，让人听了以后感到思路很清晰，观点很明白，重点很清楚，要求很具体。他在担任浙江省委书记时指出："办公厅的同志担负着为省委和省委主要领导起草文稿的重要职能，更要注重实践，注重调研。"他对文字材料要求非常严格，经常言传身教。他通常事先细致交代每一篇稿子的要点和思路，还引导文件起草人员学会换位思考，按照角色要求进行思维、开展写作。这样写出来的讲话稿，会更符合领导的意图。习近平同志这些重要论述，既充分表明他非常重视文件、文稿对实际工作的指导作用，又进一步明确了文稿起草的方向和标准。①

要提高机关文字能力，必须好好学习习近平总书记明确而又具体的指示，在具体工作中反复寻思训练提高。

文字能力这么重要，那有没有标准呢？其实，严格来说"文章无形"，一篇文章，一百个人写，就会有一百种写法，不能强求一律，固定出一个写作的模式。但机关里的文章还是有一些基本要求的。毛泽东同志1958年在《工作方法六十条》中提出："文章和文件都应当具有这样三种性质：准确性、鲜明性、生动性。准确性属于概念、判断和推理问题，这些都是逻辑问题。鲜明性和生动性，除了逻辑问题外，还有辞章问题。现

---

① 来源：《学习时报》2019年08月09日《新时代办公厅（室）工作的根本遵循——深刻领会习近平同志关于办公厅（室）工作重要论述》，作者李清泉。https://paper.cntheory.com/html/2019-08/09/nw.D110000xxsb_20190809_1-A1.htm.

在许多文件的缺点是：第一，概念不明确，第二判断不恰当，第三使用概念和判断进行推理的时候又缺乏逻辑性，第四不讲究辞章。看这种文件是一场大灾难，耗费精力又少有所得。"毛泽东同志讲的"三性"，正是对文字能力标准的集中概括。

如何提高呢？可能这几点是要注意的：一是明确和站稳政治立场，有大局观念，站在全局高度思考和研究问题。因为机关文件、讲话，表面上看是文字，实际上是政策指导、是工作要求。文字能力的根本基础，是政策水平高低，是分析问题和解决问题水平的高低。要注意观察国家的宏观形势，认真学习和掌握党的路线、方针、政策，领会上级有关的指示精神，了解本系统的全面情况、上级的指示、任务、计划、工作重心等，还有下级的工作进展、完成任务情况等。要学会换位思考。我们从小就背诵范仲淹的《岳阳楼记》，都知道"居庙堂之高则忧其民，处江湖之远则忧其君"，这就是换位思考。在机关工作，咱一辈子也当不上部长，但要经常为部长代拟讲话稿，不换位思考能行吗？所以，要尽量把自己想象成更高级别的领导来思考一些问题，这样，我们可能会站得更高一些，考虑得更全面一些，做到全局在胸。二要掌握思想方法，提高认识能力。要用辩证唯物主义和历史唯物主义观点认识客观事物，把握事物的内在联系，克服片面性，抓住一点，不及其余；克服孤立性，只见树木，不见森林；克服表面性，只看现象，不看本质；克服静止性，只看当前，不看发展；克服主观性，囿于经验，生搬硬套 。要坚持实事求是的思想路线，深入调查研究，走好群众路线，从生动具体的实践中寻求真知，不唯上，不唯书，不唯众，不唯洋，不唯己，只唯实。三要善于总结经验，把握规律性。既包括业务工作本身的经验，又包括撰写文字材料工作过程的经验，多注意学习好的范文，分析其谋篇布局，观点、材料、文字之间的关系，不断揣摩，不断模仿。要知道，对自己来说，模仿本身就是一种创新，一种提高。总之，多学习、多观察、多积累、多实践，就会不断提高。

下面讲一个小故事，再推荐一本书。

有关曾国藩的一件事：曾国藩下属起草的一份奏折中说这段时间打仗"屡战屡败"，他看后改为"屡败屡战"。同样是四个字，只不过语序换了一下，看似不经意的改动却使通篇文章精神大变，表现出败而不馁的气概。这既说明了文字本身的重大功能，也表现了文章大家曾国藩的文字功夫。当然其中有关的道德判断、真假是非我们撇开不谈了，过于复杂，非此处重点。

推荐的书是王梦奎编著的《怎样写文章》。王梦奎同志是北大毕业，北大博导，中共第十四届中央候补委员，第十五届中央委员，曾任国务院研究室主任，国务院发展研究中心主任。2009年，在一次本县同乡小聚时，我遇到了老前辈王梦奎老师，向他报告，我们机关为了练好基本功，现在是人手一册他的《怎样写文章》。他说："请你多批评指正啊！近期正好要新增订重印，到时候我再送你一本。"过了两个多月，果然收到了王老师邮寄过来的签名书。很是感动。"见字如面"，"文品如人品"，此言甚不虚也。

说实话，机关爬格子、码文字、写稿子确实辛苦，但也确实有乐趣。我一个同学，原来是某核心部委的处长，现在是某上市公司的总裁。他说有一次公司办公室报上来一个汇报材料，他一看，不入法眼。那天他一高兴，心血来潮，自己加了一晚上班，重新写了一遍。他说仿佛又找到了在部委写稿子时的爽快感。哎，没办法，文字是有魔力的，写稿子是会上瘾的。本人也一样，虽然文字能力不怎么强，这不，现在离开机关已经五六年了，得了空还在乐此不疲地码字写这本书。这真是令人愉快的机关工作"后遗症"（偷笑一下）。

关于办事儿能力。这个有点难讲，也有点神秘，可能靠悟性多一点。因为机关内的事情千差万别，办事能力高低体现在我们的言行举止之中，有时候是心照不宣的。这里，结合自己的体会，试着谈些粗浅的体会，抛砖引玉，供参考。我觉得提高办事儿能力，把事儿办好，要把握三个逻辑。

一是思想逻辑。机关里的事都是大事，是公事。我们首先要有一个办事的思维导图，或者说是办事儿的思想原则。那么，第一条就是要坚持问题导向。习近平总书记反复强调，要坚持问题导向，坚持底线思维，把问题作为研究制定政策的起点，把工作的着力点放在解决最突出的矛盾和问题上。《求是》杂志发表过一篇文章，题目就是《坚持问题导向》，其中一段话讲得很精彩很到位：

坚持问题导向，不仅是工作方法、精神境界，更是原则、政治品质。精神萎靡、意志消沉、不求进取，就很难主动去发现问题，即使遇到问题也会视而不见、听之任之。问题意识折射的是宗旨观念、责任意识，彰显的是忧患意识、进取精神，展示的是积极向上、奋勇向前的工作状态。坚持问题导向，我们才能"知不足而后进"、"防患于未然"，及时发现问题，认真解决问题，从而不断适应新形势，推进新发展。[1]

其次是坚持走群众路线。群众路线是我们党的根本工作路线，也是我们党的根本的领导作风和工作方法。在办事过程中，要牢固树立群众观点，增进群众感情，为群众服务，接受群众监督，从群众中来，到群众中去。

---

[1] 国防大学习近平新时代中国特色社会主义思想研究中心：《坚持问题导向》，《求是》。

这听起来好像很大、很空。但细想起来，又很实际、实用。比如，单位领导交代给您一个活，组织一场本单位的文体活动，如果不走群众路线，有人就会觉得这事儿还不简单，打着领导的旗号，把自己的想法方案强加落实（反正有领导指示撑腰），让同事们不痛快，结果既害了领导，也得罪了同事，于己不仅毫无益处，还可能减分。会走群众路线的，就要找一些同事代表一起商量，一方面传达下领导的想法要求，另一方面是听听同事们的意见建议，至少这是给同志们一个发言的机会。在此基础上拟订方案再报领导审定，这样执行起来就会顺畅很多，上下满意，皆大欢喜。领导权威得以维护，同事们积极性得以调动，自己也得到各方面的认可，这事儿办得才算漂亮。

第三就是坚持党的思想路线，即一切从实际出发，理论联系实际，实事求是，在实践中检验真理和发展真理。这一条，我们天天听，天天讲。要做到这一点，其实也挺不容易的。问一个问题，工作中，是对领导负责还是对实事负责？回答当然是，对二者都要负责。如果一味地迎合领导，对领导"负责"，从而报喜不报忧，时间长了，是害领导。害了领导，自己还有好果子吃吗？

第四，就是办事过程中必须体现出优良作风。这点就不展开了，大家慢慢体会，可以和下面要讲的"人情逻辑"结合起来领悟。

二是业务逻辑。这个逻辑其实倒是比较简单，公共管理的基本规律，政府处理事情的基本方式方法，稍微找两本行政管理的书看看就能够掌握。最直接的学习方法是，多学习党中央、国务院印发的文件，这些在中央人民政府官网上都有。因为每个文件都是解决某个领域全国性事务的，看看文件是如何展开的，想一想一个文件为什么第一条先讲指导思想，或者叫总体要求，具体结合这个领域，如何表述的；针对问题，后面要采取哪些具体措施，还要提供哪些组织保障。这样文件看多了，就会发现一些共性的东西。这就是政府解决问题的思维方式。这种思维方式可以用到具体工作中，根据实际情况调整变通。还有要学习公开发表的领导讲话，要知道领导是个职务，其讲话是职务行为，是业务工作，从中不断分析总结提炼出规律性的东西。

三是人情逻辑。人简单，事儿简单，人和事合起来就不简单了。工作中，我们必然是要和人打交道的，有领导，有同事，有上级单位的，有下级单位的，基层单位还有更多来访的群众。每一条都展开深入分析不太现实。比如，如何请示汇报工作，就是一个大大的问题，其中蕴含着对领导特点、人品、情绪等的把握，还有请示汇报的方式、方法、时机等问题。不能明知道领导正不高兴呢，您非得去汇报一个更坏的消息不可，那不是对工作认真负责，是脑子缺根弦儿。记住，领导也是人啊。

总之坚持一条原则，要想把事儿办好，一定要关注到人情，关注到你的对象的脾气秉性、喜怒哀乐等情况，让大家都舒服了，事儿才能顺利推进。这里，列几个关键词，大家可以琢磨：吃透上情，摸清下情，做好结合；团队合作，相互补台，维护团结；尊重领导，注重程序，懂得灵活；始终低调，敢于担当，勤勉尽责。

关于办会能力。开会？谁不会？没错，从小到大，我们一直都在参加各种各样的会议。但是您组织过会吗？组织过党政机关里的会吗？您可能组织过几十人、几百人，甚至上千人的会议，但是，那跟党政机关里的会议是不一样的。什么是会议。所谓会议是指有组织、有领导、有目的地商议或部署工作的集会。这句话给我们揭示出以下几点：第一，会议是一种群体行为，人数一般在三人以上。第二，会议的主体是组织；第三，会议的进行是有领导、有规则的；第四，会议是有目的的，是为解决问题、推动工作而召开的。那么，为什么要开会，因为开会至少有以下几方面的重要作用：有利于统一思想、协调行动；有利于发扬民主、科学决策；有利于督促检查、推动工作；有利于加强交流、凝聚队伍。

要组织好一场会议是非常不容易的，可以说是一项系统工程。用工程两个字，就知道组织会议要考虑的因素是多方面的，各环节之间是周密衔接的。这里简要说两个方面重点：

一是办会应该把握的原则。包括要把好方向，整个会议从议题到具体内容，从领导主题讲话到分组讨论发言，都需要把好关，不能出现政治上的失误和偏差；要追求实效，切实解决问题，现在大家都觉得会太多了，耽误了大量时间，所以会议必须聚焦，有问题需要开才开，不能为开会而开会；要周密准备，做好分工，相互配合，尤其要关注细节，细节出了问题，有时候是致命的；要兜住底线，保密纪律的底线，财经纪律的底线，哪条线都不能出问题。

二是关于会议筹备方案。大的会议，一定要有一个好的筹备方案，这也是提前预演。会议方案一般包括的要素有：确定会议的主题或议题，也可以叫会议的主要目标或任务；明确会议的类型，综合考虑会议的性质、任务、规格、规模及相关规定、惯例等各方面因素，选择类型；确定会议的时间、地点；明确参会对象和人员，包括哪位领导出席，参会人员是谁，名额如何分配等。明确会议的议程，起草整理会议讲话、文件、资料；明确会务工作人员，做好分工；测算会议经费等等。总之，像一个剧本一样，各种人物、道具、台词，都要一一考虑好，安排周详，抓好落实。最后，会开完了，要做好会议总结和会议成果的运用。

以上好干部标准的五条是相互联系、互相印证的，比如，凡是清正廉洁上出问题的，必然是理想信念上出问题在先，自然也不会勤政务实，更谈不上敢于担当了。这五个方面，都是从正面提出的要求，是千古不变的真理，是每个体制内工作的人员要真相信，真践行的，不然就会出问题，不光是前途可能受影响，甚至会跌入万劫不复的深渊，岂不痛哉。

看看下面的资料，在这么从严管理的大背景下，还有这么多人想不明白，以身试法，吓得一身冷汗。本人的老同事老领导出问题的也差不多有几十号人了，您想想看。真是可惜，真是可怕啊！

《十九届中央纪律检查委员会向中国共产党第二十次全国代表大会的工作报告》："五年来，中央纪委国家监委立案审查调查中管干部 261 人。全国纪检监察机关共立案 306.6 万件，处分 299.2 万人；立案审查调查行贿人员 4.8 万人，移送检察机关 1.3 万人。在高压震慑和政策感召下，8.1 万人向纪检监察机关主动投案，2020 年以来 21.6 万人主动交代问题。

中央纪委国家监委连续 108 个月公布查处违反中央八项规定精神问题数据，5 年来通报 23 批 169 起典型案例。全国纪检监察机关共查处享乐主义、奢靡之风问题 28.6 万个，批评教育帮助和处理 39.8 万人，其中给予党纪政务处分 28.5 万人。①

2023 年 1 月 16 日，中央纪委国家监委公布了 2022 年 12 月全国查处违反中央八项规定精神问题汇总情况。当月，全国共查处违反中央八项规定精神问题 11112 起，批评教育帮助和处理 16122 人，其中党纪政务处分 11569 人，这是连续第 112 个月公布月报数据。

数据显示，2022 年，全国共查处违反中央八项规定精神问题 95376 起，批评教育帮助和处理 141348 人，其中党纪政务处分 96756 人。

从查处问题类型看，在履职尽责、服务经济社会发展和生态环境保护方面不担当、不作为、乱作为、假作为，严重影响高质量发展方面，2022 年共查处问题 37567 起，占查处的形式主义、官僚主义问题总数的 83.9%。查处的违规收送名贵特产和礼品礼金、违规吃喝、违规发放津补贴或福利三类问题，分别占享乐主义、奢靡之风问题的 38.6%、21.0%、18.5%。

从查处级别看，2022 年，全国共查处省部级领导干部违反中央八项规定精神问题 10 起，地厅级领导干部问题 503 起，查处县处级领导干部问题 6849 起，查处乡科级及以下干部问题 88014 起。其中，乡科级及以下干部

①《十九届中央纪律检查委员会向中国共产党第二十次全国代表大会的工作报告》，来源：新华社 发布时间：2022-10-27 20:37。

问题占查处问题总数的 92.3%。[①]

少点阴谋思维，多些阳谋努力

谈到体制内职业生涯问题，不少人脑子里浮现的是各种宫斗剧，什么攀龙附凤，什么尔虞我诈，什么拍马溜须，什么阿谀奉承，什么买官卖官，相互倾轧，乌烟瘴气，等等，这类的词儿，不胜枚举。古代官场有这个现象，有时候还比较严重，但也并非完全如此。否则，几千年来的体制如果都是这个样子，那么我们几千年来的中华灿烂文明就没有依托，就无法解释。

下面讲个故事，也是个历史事实。

2013 年，我无意间看到了赵孟頫（南宋晚期至元朝初期官员、书法家、画家、文学家，宋太祖赵匡胤十一世孙）书写的《与山巨源绝交书》高清图片。此书法作品，是赵孟頫六十六岁去世前三年所书，写于绿绢之上，通卷字势，一气贯注，清劲圆润，是其晚年精品力作。除了欣赏赵孟頫的书法，《与山巨源绝交书》的内容更是精彩。它是魏晋时期文学家嵇康写给朋友山涛（字巨源）的一封信，也是一篇名传千古的散文。山涛在由选曹郎调任大将军从事中郎时，想荐举嵇康代其原职。嵇康得

---

① 《2022 年全国查处违反中央八项规定精神问题 95376 起》，来源：中央纪委国家监委网站 发布时间：2023-01-16 20:30。

知该消息后写了这封信。信中拒绝了山涛的引荐，指出人的秉性各有所好，申明他自己赋性疏懒，不堪礼法约束，不可勉强。其中一段中提到了"必不堪者七，甚不可者二"更是生动描写了古代公务员的工作状态，很有意思。引述如下：

"阮嗣宗口不论人过，吾每师之而未能及；至性过人，与物无伤，唯饮酒过差耳。至为礼法之士所绳，疾之如仇，幸赖大将军保持之耳吾不如嗣宗之资，而有慢弛之阙；又不识人情，暗于机宜；无万石之慎，而有好尽之累。久与事接，疵衅日兴，虽欲无患，其可得乎？又人伦有礼，朝廷有法，自惟至熟，有必不堪者七，甚不可者二：

卧喜晚起，而当关呼之不置，一不堪也。

抱琴行吟，弋钓草野，而吏卒守之，不得妄动，二不堪也。

危坐一时，痹不得摇，性复多虱，把搔无已，而当裹以章服，揖拜上官，三不堪也。

素不便书，又不喜作书，而人间多事，堆案盈几，不相酬答，则犯教伤义，欲自勉强，则不能久，四不堪也。

不喜吊丧，而人道以此为重，已为未见恕者所怨，至欲见中伤者；虽瞿然自责，然性不可化，欲降心顺俗，则诡故不情，亦终不能获无咎无誉如此，五不堪也。

不喜俗人，而当与之共事，或宾客盈坐，鸣声聒耳，嚣尘臭处，千变百伎，在人目前，六不堪也。

心不耐烦，而官事鞅掌，机务缠其心，世故烦其虑，七不堪也。

又每非汤、武而薄周、孔，在人间不止，此事会显，世教所不容，此甚不可一也。

刚肠嫉恶，轻肆直言，遇事便发，此甚不可二也。

以促中小心之性，统此九患，不有外难，当有内病，宁可久处人间邪？又闻道士遗言，饵术黄精，令人久寿，意甚信之；游山泽，观鱼鸟，心甚乐之；一行作吏，此事便废，安能舍其所乐而从其所惧哉！"

此"必不堪者七，甚不可者二"，堪称古代公务员的行为规范。这个规范本身没有错，嵇康也并没有否认，因为它是公理，公职人员的基本工作内容和礼数。嵇康只是拿此为由，告诉好友山涛，你咋不了解、不理解我的个性特点呢？我根本不适合当官啊！这些都还是表面现象，表面理由，根本原因是在那个政治黑暗的年代，作为"竹林七贤"，具有极强的社会符号和引领意义，当不当官，本质是服不服从，不当官反而才有可能自保，保住文人的清高、文人的名节还有生命。所以本段一开始便提到了阮籍。说阮籍天性淳厚，待人接物毫无伤害之心，嘴里从不议论别人的过失，只有饮酒过度是他的缺点。即使如此，阮籍还受到了他人的攻击，像仇人一样憎恨他。这才是嵇康不愿当官的根本原因。

正如余秋雨先生在《中国文脉》中说的："这是一个真正的乱世。""出现过一批名副其实的铁血英雄，播扬过一种烈烈扬扬的生命意志，普及过'成者为王，败者为寇'的政治逻辑，即便是再冷僻的陌巷荒陌，也因震慑、崇拜、窥测、兴奋而变得炯炯有神。""突然，英雄们相继谢世了……于是，宏谋远图不见了，壮丽的鏖战不见了，历史的诗情不见了，代之以明争暗斗、上下其手、投机取巧，代之以权术、策反、谋害。""争取他们，往往关及政治集团的品位和成败：杀戮他们，则是因为确确实实地害怕他们，提防他们为其他政治集团效力。""等到政治斗争一激烈，这些文人名士便纷纷成了刀下鬼，比政治家死得更多更惨。"①

最后，在洛阳东市，面对三千太学生请愿和围观群众，嵇康安坐刑场高台，一曲《广陵散》在空中飘荡。是年，嵇康三十九岁。

故事讲完了，建议大家此刻再听一遍《广陵散》。味道可能有所不同了。

我们回回神儿，读一下胡也频先生②的一句话："历史永远是陈旧的，新的生活不能把历史作为根据，这正

---

① 余秋雨：《中国文脉》，第203～204页，长江文艺出版社。

② 胡也频，中国左翼作家联盟成员，丁玲第一任丈夫，1931年2月7日与"左联"会员柔石、殷夫、冯铿、李伟森同被国民党反动派秘密杀害。

如一种新的爱情不能和旧的爱情一样。"

回到当代，"解放区的天是明朗的天"。

1945 年 7 月 4 日下午，毛泽东邀请黄炎培到他住的窑洞里作客，整整长谈了一个下午。毛泽东问："任之先生，这几天通过你的所见所闻，感觉如何？"

黄炎培直言相答："我生六十余年，耳闻的不说，所亲眼见到的，真所谓'其兴也勃焉，其亡也忽焉'，一人，一家，一团体，一地方，乃至一国，不少单位都没有能跳出这周期率的支配力。大凡初时聚精会神，没有一事不用心，没有一人不卖力，也许那时艰难困苦，只有从万死中觅取一生。既而环境渐渐好转了，精神也就渐渐放下了。有的因为历时长久，自然地惰性发作，由少数演为多数，到风气养成，虽有大力，无法扭转，并且无法补救。也有为了区域一步步扩大，它的扩大，有的出于自然发展，有的为功业之欲所驱使，强求发展，到干部人才渐见竭蹶，艰于应付的时候，环境倒越加复杂起来了，控制力不免趋于薄弱了。一部历史，'政怠宦成'的也有，'人亡政息'的也有，'求荣取辱'的也有。总之没有能跳出这周期率。中共诸君从过去到现在，我略略了解了的，就是希望找出一条新路，来跳出这个周期率的支配。"

对黄炎培的这一席耿耿箴言，毛泽东庄重地答道："我们已经找到新路，我们能跳出这周期率。这条新路，就是民主。只有让人民来监督政府，政府才不敢松懈。只有人人起来负责，才不会人亡政息。"

　　时间很快跨越到 2022 年 10 月 16 日，习近平总书记在中国共产党第二十次全国代表大会上的报告中强调指出：我们找到了跳出治乱兴衰历史周期率的第二个答案：

　　"我们深入推进全面从严治党，坚持打铁必须自身硬，从制定和落实中央八项规定开局破题，提出和落实新时代党的建设总要求，以党的政治建设统领党的建设各项工作……开展了史无前例的反腐败斗争，以'得罪千百人、不负十四亿'的使命担当祛病治乱……经过不懈努力，党找到了自我革命这一跳出治乱兴衰历史周期率的第二个答案，自我净化、自我完善、自我革新、自我提高能力显著增强，管党治党宽松软状况得到根本扭转，风清气正的党内政治生态不断形成和发展，确保党永远不变质、不变色、不变味。"

　　本人在中央机关工作了 20 年，挂职当过副镇长、区委副书记，见过不少领导，地方的、中央的，小的、大的，他们绝大多数都是很好的。我们不要把关于历史的不真实的想象当做现实。人类政治文明是在不断进步的。要减少些阴谋论思维惯性。

　　那么，在体制内工作，如何谋划设计呢？

　　理解了体内工作的四个特点：旗帜鲜明、力量强大、组织有序、稳中求进，就对这个问题有了隐约的答案。从根本上说，在体制内工作，职业生涯是很难自我设计的，我们经常要这样表态：服从组织安排。但也不是说没有一点发挥主观能动性的空间。体制内职业生涯设计，一定要慎重，要认清以下几点：

一是个人始终努力，始终积极向上，不断提高能力素质和作风修养。二是紧跟组织需要，在组织需要的方向上狠下功夫，干好工作，树立正确的政绩观，而不是搞形象工程，欺上瞒下，最后得不偿失。三是抓住重点机遇，在一些关键节点、重点工作上，必须盯紧看住，富有创新，干得漂亮，干出亮点，这样才能证明你是金子，发光了，才能更好被组织发现。四是明白级别概率，从行政级别和职务层次上看，组织是一个金字塔，绝大多数人都在基层工作岗位上，行政级别低，越往上领导职数越少。我曾公开在培训班上对新录用的中央和国家机关公务员讲：中央国家机关本身级别高，只要努力，不犯原则性错误，当上处级干部是没问题的，因为在整个公务员队伍中，处级干部的总数和占比也是非常之少的；退休的时候，当上局级干部，有百分之八九十的概率，那是祖坟冒青烟了；如果还不知足，天天想着当省部级干部，要小心了哦，祖坟容易失火，省部级干部太少太少了。我们的成就感不可否认和当多大官有直接关系，但大家比来比去最后都差不多，无非是早两年还是晚两年的事儿。我们的成就感，最重要的是要在岗位上干出业绩，干出真正有益于党和国家事业发展的业绩，这才是真正值得骄傲的。

第七章　体制外的自由精彩奔放

体制外工作特点

体制外，确实是天地广阔，大有作为，一个个创业神话，一个个财富故事，灯红酒绿，甚至纸醉金迷，精彩奔放，好像诱惑无限。但这仅仅是问题的其中一面。前面说了，"一阴一阳之谓道"，是铁律。

体制外公司打工，面临的生态环境可能有以下几个特点：

一、营利为本，强者生存

公司是为了利润而生，这是它的价值，其它存在的意义。那么，您去公司打工，首先是您对公司必须有用，有价值，将来还能创造新价值，否则，连门都进不去。所以在公司中，要时刻想想您拿什么跟公司做交换，您的资本是什么？公司要从您身上获取价值，您要从公司身上挣得收入，这样平衡了，这桩买卖才能成交，才能持久。不要天真，公司是不养闲人的。不然，公司就会有生存危机。您和公司是相互盈利的交换关系。

有一本书，推荐给大家读读：《职场动物进化手册》，作者雾满拦江。该书把职场有些地方描绘得可能有点血淋淋，但是局部现实可能就是如此，至少有不少类似的现象，此处录其一段话供大家感受：

职场是天然的猎场，所有进入职场的动物，都要主动或被动地卷入职场狩猎游戏之中。这种情况的出现，是由于员工和公司（老板）的利益天然冲突性所决定的。在小公司里，老板和员工的道德冲突如下：

老板的道德就是从员工身上挣到钱，员工的道德是从老板身上弄到钱。

所以老板会将员工视为一桩风险投资，采用短期经营或掠夺性开发的方法从员工身上弄钱。而员工则不愿意承担老板所冒的经营风险，更愿意以在老板看来是无效或低效的——意即无市场回报的劳动，从老板身上弄钱。

员工会认为自己处于劣势，但事实上，小老板才是处于劣势的一方。如果小老板以宽厚、坦诚的态度对待员工，一旦遭遇到狡诈的员工，就会沉舟翻船，血本无归。即使老板对员工严加防范，但一旦遇到员工中的"捣蛋高手"，如拉走老板的单或是抢走老板的客户，都会将老板一竿子打翻。

同样，对于老板视为无效或低效的劳动，员工是决不会认同。在员工看来，我付出了，我就要得到，至于老板的公司能不能挣到钱，与我无关。这就决定了员工与小老板的必然冲突。

小公司是这样一种情形，大公司同样也不例外。在大公司里，老板高高在上，主管掌握了对员工的生杀予夺之大权，这样就形成了员工与主管的必然性冲突。

……

有些不可救药的理想主义者无视现实，只从抽象的教条出发，无视职场中动物的本性，这种员工，往往是下场最为悲惨的一族。

与大家想象不一致的是，政治斗争是维护大公司良性运转的有效手段。

公司以营利为本，从某种意义上说无可厚非，但是得有道德底线，公司的营利是靠提供有价值的服务而获得的，否则就是万恶的公司。

2022 年 1 月的一件事儿，让人甚为愤慨。

广东东莞有一所民营医院，该院手术室年终总结聚餐，在醒目处悬挂一横幅："虎虎生威迎新年，手术室里全是钱！——2022 年某某医院手术室总结大会"。消息迅速在网上发酵。之后该医院郑重向社会道歉。

这些人的人心都怎么了？

二、结果导向，向死而生

在公司里打工，给老板给领导画饼讲故事，这个可以有，但只能偶尔为之。公司里要的是产出，要的是业绩，无论是目标和结果，还是绩效都是要结果的。

2021 年 12 月，网上出现了一个爆炸性标语，某房企年终指标冲刺誓师大会挂出这样的标语："要么交业绩，要么交尸体"[①]。果然，某房企西南区域营销总监张某，前一天还在正常开会，第二天凌晨一点四十分在家中突发疾病，经过抢救无效后去世，年仅 36 岁。公司在第一时间慰问了家属，协助处理善后，同时希望大家"坚守岗位、捍卫业绩"[②]。

近年来，还有不少这样的标语，比如"完不成 200 万，杀个设计师祭天""只要干不死，就往死里干"等等。充满着辛酸。其实，这就是现实，这就是竞争，虽然不正常，但没有办法。本人 90 年代上高中的时候，有老师就说过：只要学不死，就往死里学。这种拼搏精神实在可嘉，也是多数人的成功经验，但是，同志们，不容易啊！

因为结果导向，因为残酷竞争，所以我们向死而生。

[①] 上游新闻，冯盛雍《贵州某楼盘现"要么交业绩，要么交尸体"标语？》https://www.cqcb.com/topics/feidian/2021-12-09/4665630.html.

[②] 网易号：《"要么交业绩，要么交尸体"，他，36 岁，死了》，来源：山河路口 https://www.163.com/dy/article/GQQ9CEGN0528MQRO.html.

万达，是大家都熟知的一个响当当的品牌，万达自己出了一本书：《万达工作法》，里面提到了一个案例，为了赶进度，施工现场拉起醒目的横幅："宁愿累死自己，也要饿死同行"。这就是压力，这就是狼性，企业如此，知名企业如此，在企业中工作的员工能不如此吗？无独有偶，我在网上还看到过一家饭店在门口拉了个横幅，上面写着："我们的空调和你前任的心一样冷。"

关于中国民营中小企业的平均寿命，网络上传播最广、多为引用的是 3.7 年。这个数据的出处，本人未查到官方来源，但不少官媒的文章也引用了这个数据，虽然他们没有标明权威出处。关于这个问题，发现了一篇有意思的文章：《企业平均寿命数据考证》[1]，指出该数据来自 2014 年 9 月 19 日中国财经网刊发的一篇来源于《福州晚报》的文章《统计称中国小微企业寿命不到 3 年》，继续深挖 3.7，结论仍然是"从何而来，无从查找"。这都不重要了。还有文章提到：国家统计局数据显示，疫情防控期间，大约 400 万中小微企业倒闭，约 1300 多万个体户注销，失业人口大约 7000 万。

数据是宏观的，可能有点虚无。我们这几年的感受是真实。有时候感觉比权威文章要来得真实和重要。

---

[1]http://www.360doc.com/document/18/0914/23/54219910_786754716.shtml.

三、自由灵活，海阔天空

我们小时候最经常引用的一句话是："海阔凭鱼跃，天高任鸟飞。"在体制外工作，可以实现这种自由，能力强，有创意，可以自由飞翔。一是有选择的自由。在这儿干得不爽了，可以随时调整重新选择，"此地不留爷，自有留爷处。"这一点，体制内工作比不了，体制内工作是："我是革命一块砖，哪里需要往哪搬；我是发展一枝花，哪里能开往哪插。"二是生活上的相对自由。体制内工作，8小时之外也要接受严格管理。因为你是公职人员，是公众人物，手里掌握的是公共权力，代表着党和政府的形象，被围猎的概率较高，所以必须严格管理。比如《中华人民共和国公务员法》就规定公务员的义务之一就是："带头践行社会主义核心价值观，坚守法治，遵守纪律，恪守职业道德，模范遵守社会公德、家庭美德"，再比如要严格落实中央八项规定精神，不能随意吃饭，不能去不该去的场所等等。在体制外工作，这方面就宽松多了，当然前提是不要触犯法律底线。三是未来空间有无限可能。在体制内工作，你能当多大的官儿，基本上是明确的，金字塔结构，越往上位置越少，数字在那儿摆着呢，自己努力未必能达成。而体制外工作，充满了可能性，你努力了，机会好，成为商业帝国国王的概率还是很高的。

四、无依无靠，自我承担

过去，我们在家靠父母，可怜天下父母心，衣食无忧；在学校，靠老师，谆谆教诲，诲人不倦，健康成长。毕业后跨入社会，在计划经济年代，我们可以靠组织，包分配，自己的事儿基本不用自己操心，组织会考虑，我们遇到任何的问题，首先想到的是找组织，找领导，哪怕家里两口子打架，都得请单位领导来评评理，做裁判。所以，哪怕我们混得一无是处，我们也可以甩锅给组织，一句"这事儿不赖我"，自己落得个心安理得。如今，不同了，市场经济了，在体制内工作还相对好点，相对稳定，尤其是公务员岗位，只要不犯大错误，不触碰法纪底线，基本可以终其一生有饭吃。但在体制外，在民营企业，其营利性特点和自身的生存状态，作为打工人，就很难感受到稳定，感受到踏实，有的是各种漂泊，各种浮云，真所谓浮生浮客浮世行。而这时候，"这事儿不赖我"就没人理解了，不赖你赖谁？自己的路自己选，自己走，只有自我承当。这个时候，我们再来欣赏吴昌硕[1]的《罗汉坐像》[2]图，就可能会对画上的题句有所感

---

[1] 吴昌硕（1844—1927），晚清民国时期著名国画家、书法家、篆刻家，"后海派"代表，杭州西泠印社首任社长，集"诗、书、画、印"为一身，融金石书画为一炉，被誉为"石鼓篆书第一人"、"文人画最后的高峰"。

[2]《中国美术史稿》中有一张吴昌硕54岁时所作的《罗汉坐像》（极似达摩，却盘坐在一块石头上），画上题道："无花可拈，无壁可面，一蒲团外未之见。"

悟了："无花可拈，无壁可面，一蒲团外未之见。"真是一无所有啊！我们除了一无所有之外，可能还会遇到各种各样的挑战、困难、坎坷，甚至磨难，在这个境遇下，要么自怨自艾，自我放弃，要么自立自强，自我升华成为一个"真的猛士"，"敢于直面惨淡的人生，敢于正视淋漓的鲜血。"[①]刘和珍君处于"并非人间"的年代，为了民族大义，牺牲了。正是因为有无数这样的英雄，才有了今天的太平盛世。我们要学习的是"真的猛士"的精神，因为人生都是个性化的，每个人有每个人的"九九八十一难"功课。

体制外工作能力素质模型

基于以上体制外工作的生态特点，应该提高什么能力来应对呢？本人觉得，以下六个方面是必要的：

一、主动规划能力

前面说体制内职业生涯很难自我设计，但是在体制外工作，职业生涯必须设计。体制外讨生活、干事业，风云变幻，日新月异，变化非常快。我们每个人如大海上的一叶扁舟，必须有很强的方向感，知道自己要去哪儿，

①出自鲁迅先生的《纪念刘和珍君》。

如何去哪儿。就像我们小时候上学做语文的阅读理解，要准确理解一篇文章里的某个词语的含义，有句口诀："词不离句，句不离段，段不离篇。"我们就是一个词儿，但孤零零一个词儿，形不成华章。所以我们要规划设计，让这个词儿能流动，有内涵有风采。如何规划？可能要把握三点：一是要研究大势，选好赛道，定好方位。为谋好一域，必须谋全局。要研究政治经济社会发展，研究趋势，研究风口，风来了，直挂云帆，乘风破浪。要研究历史，谋万世以谋一时。大势的过去、现在、将来，行业的过去、现在、将来，科技的过去、现在、将来，人才成长的过去、现在、将来等等。通过这种研究了解，从而更好地给自己的职业生涯准确定位，既不好高骛远，也不凭空想象。二是要善于研究自己，扬长补短，练好内功。认识自己是最难的，也是最重要的。知道自己的优势、长处，更要知道自己的缺点、短板，根据设定的目标扬长补短。如果你的目标是远渡重洋环球神旅，你就要打造大吨位抗巨浪的铁甲舰，如果你的目标是平湖秋月诗情画意，一叶扁舟足矣！三是要自我督战，言必信，行必果。一分规划九分落实。要有行动力，必须知行合一，看到机会必须快速行动，奋力抓住。没有行的知不是真知。这一点尤其重要。有句老话说："秀才造反，十年不成。"我们的书是读得不少，懂得道理更多，但执行力却往往是短板。

二、生存进化能力

党的《二十大报告》强调指出："当前，世界百年未有之大变局加速演进，新一轮科技革命和产业变革深入发展。"确实如此，不仅从世界、从国家等宏观上看如此，而且从个人生产、生活等微观层面看也如此。面对这样的变化，我们生存的危机在加剧，如何快速迭代，如何适者生存，值得常常思考、深入思考。一是保持生存危机意识、忧患意识，吃得了精神上的苦。这一条非常重要。记得2011年建党90周年的时候，中央电视台《焦点访谈》栏目做了个很好的系列节目："打开中国奇迹的问号"，第一集，为什么我们党能够历经九十年依然保持生机和活力，第一个密码就是：在忧患中前行。① 这个真理，于国家民族如是，于我们党这个伟大组织如是，于职场中的我们每个人更是。二是培养狼性精神。差不多十七八年前，有一本畅销书：《狼图腾》，是姜戎创作的一部长篇小说，首次出版于2004年4月。2015年改编为同名电影上映。不少朋友都读过，或者看过这部电影。相信和我一样，还是很有感觉很受启发的。小说主要以插队草原知青陈阵的视角，讲述了20世纪六七十年代内蒙古草原游牧民族的生活以及牧民与草原狼之间的

---

① 《焦点访谈》打开中国奇迹的问号（一）在忧患中前行（20110629），http://news.cntv.cn/china/20110629/112243.shtml.

故事。之后几年，狼性文化、狼性精神风靡一时。说到狼性，我们的印象中往往是这些词汇：野性、残暴、贪婪、暴虐等等，还有用来形容忘恩负义、过河拆桥、恩将仇报的"白眼狼"。其实这些也无可厚非，造物主给狼的本来就有这些。《狼图腾》，让我们了解了狼的另一面，智慧、神秘、团队精神。实际上是把狼性加上了精神。而我们此处提出的要培养狼性精神，关键在精神，要直面优胜劣汰的无情规则，始终以积极的姿态，努力拼搏求生存、求发展，同时更要学习和践行狼的团队精神，千万不要"用所谓的'狼道'来给自己的不择手段和卑鄙下流做幌子"，没有了"精神"二字的光辉，狼就是禽兽。记住，"精神"永远是属于人的。还是《狼图腾》中引用的一段名人名言讲得到位：

在我们的血液里，特别是在君主和贵族的血液里，潜伏着游牧精神，无疑它在传授给后代的气质中占着很大的部分，我们必须把那种不断地急于向广阔地域扩张的精神也归根于这部分气质，它驱使每个国家一有可能就扩大它的疆域，并把它的利益伸展到天涯海角。①

——（英）赫·乔·韦尔斯《世界史纲》

---

① 姜戎：《狼图腾》，长江文艺出版社，第286页。

现在有一种很流行的观点：我们的大唐之所以被称作巍巍大唐，那是因为有一种"旷野之力"的注入，它来自大兴安岭的东麓，一个仍然处于原始游牧状态的民族——鲜卑族。从北魏开始，汉人大量汲取北方和西域少数民族生态文化。所以鲁迅说："唐人大有胡气。"大唐皇家李氏，正是鲜卑族和汉族混血的结晶。①

这就是我们要学习的狼性精神。

有了此等精神，驰骋职场不在话下。

三是明确进阶定位。英国政治学家、哲学家托马斯·霍布斯（1588—1679），在其名著《利维坦》中假设了一种自然状态，在这种状态中，人对人相互防范、敌对、战争不已，人对人是狼，出于对和平安定生活的共同需求，凭借着理性，人们让渡部分自然权利，从而形成公共权力——国家（利维坦）②。这种自然状态虽然是假设的，但是在现实生活中有其影子，我们现在经常说的职场丛林法则差不多一个意思，只是程度不同，量上有差别而已。所以要有生存危机意识，自己必须主动进化晋级，明白不同阶段靠啥吃饭，提升在职场食物链中的地位。大致可能有这么几个段位：

①请参阅余秋雨先生的《中国文脉》之"走向大唐"篇，第238页。长江文艺出版社。

②请参阅《利维坦》，〔英〕霍布斯著，黎思复、黎廷弼译，第十三至第十七章，商务印书馆出版。

1. 年轻员工，刚大学毕业，靠体力，哪怕您是高知，是程序员，但出卖的主要还是体力劳动，加班熬夜是必须的，失眠脱发是正常的。

2. 职业经理人，高管，靠经验＋智力＋体力。

3. 牛人：强大个人IP，现在是IP时代，IP牛，才是真的牛，靠脸就能拉流量，就能成事儿。

4. 资本家：市场经济，资本是终极撒手锏，如果您有强大的个人资本实力，收割点韭菜不成问题，但这是极少数人的好运气，不带普遍性，所以也学不来。

这就像经营的不同层级，卖劳力，卖产品，卖品牌，卖文化，最后是靠钱生钱。明白了这个，就明白了一个现象，不少互联网大厂一方面大规模裁员，"欢送"同学们"毕业"，一方面却又大规模招新的大学生，因为新毕业的大学生成本低、琐事少、好管理，而且干劲足，前者积累了一定经验，职务高，人到中年，上老下小，要求薪资高。所以置身其中，不转型升级能行吗？要吃着碗里的，望着锅里的，还要想着下一个锅在哪儿。要记住一句话，所谓铁饭碗，不是在一个地方吃一辈子饭，而是一辈子到哪儿都有饭吃。

三、构筑壁垒能力

市场竞争，"八仙过海，各显神通"。我们有什么神通？这就是我们的竞争力，是我们的比较优势，更是保持我们竞争优势的壁垒。在某些方面，人天生是不平等的。要知道，阶层的流动，有时是洪流滚滚，有时是小溪潺潺。鲤鱼跃龙门，谈何容易。有人一出生就坐拥北京八套房，咱怎么比啊！所以这方面，我们不要去攀比了。

我们能保证一个普通人的小康生活就实属不易了。作为普通职场人，如何构建自己的壁垒，提升竞争优势呢？可能要回答好三个具体问题：

第一，我们经历过啥？从上学开始，如果一直是学霸，考上了985名校，毕业了在大平台工作过历练过，那么毕业学校的招牌、大平台的知名度就是壁垒，而且是你综合素质的证明，就这一条就把不少人比下去了。前两年，有家猎头公司找我，说有一家非常知名的企业正在寻访有关方面的高级人才，觉得我比较匹配，想请我过去和对方谈谈。因为我正在忙着干自己的事情，所以婉拒了。我向猎头公司的领导推荐了一个人，也有中央部委工作的经历。猎头公司领导说，他认识我推荐的人，觉得不太合适，虽然能力素质都不错，但是所上的大学一般，对方企业比较牛，想找个名校毕业的比较匹配。我当时很吃惊，我们都大学毕业二十三四年了，这个影响还在啊！看来，壁垒无处不在。我们每一步经历都要积极努力，争取到最好。

第二，我们干成过啥？出生在什么样的家庭，我们选不了；过去的学校、工作平台，我们也改不了。那我们只能从当下开始，尽心尽力，把每一项工作都干得漂漂亮亮的，干出点亮点，干出点成绩，这不仅是我们工作态度和综合能力的体现，也是不断强化我们能力素质的过程。在社会大学中，我们的成绩要名列前茅，让企业满意，让同事佩服，让客户满意。在这个过程中，才能更好地不断积累工作战绩、客户资源、人脉关系等。将来这些精彩过程会成为精彩故事，而精彩故事又可以再延续，是非常重要的卖点。当您另谋高就的时候，面试才能既华丽又扎实，才能在对方背调的时候取得高分。这也是壁垒。

第三，我们擅长干啥？市场经济、市场逻辑，分工专业化是基础，只有在某个方面形成比较优势，才能在竞争中取胜。产品如此，人才亦如此。我们要时刻注意衡量自己在人才市场上的比较优势、竞争优势，始终清楚我们自身的卖点是啥？可否持续？要不断提升我们自身人力资源的附加值。我们当年写毕业论文的时候，老师们指导我们要"小切口深分析"。此道理在职场上同样有效。我们要找出自己的专长，提升自己的专业性，争取走在某个方面的前列，掌握独门绝技。这样才能取得不可替代的位置。不然，年纪大了，靠跑跑颠颠卖体力，不仅不值钱，而且也干不动了。建议养成研究和总结工作的习惯，透析具体事务性工作背后的事理逻辑和人情逻辑，日积月累，就可能会成为某个方面的专家权威。

当然，还要持之以恒地学习新知识新技能，为将来可能出现的主动或被动的转战打好基础。记得多年前一个朋友给我说过一句话："要具备能随时转身离开的能力"，很有道理。

四、互助整合能力

在《论语》《学而》篇中有一句话，中国人都知道："吾日三省吾身：为人谋而不忠乎？与朋友交而不信乎？传不习乎？"《学而》作为《论语》的第一篇，主要讲"务本"的道理，引导初学者进入"道德之门"，而重要的方法之一就是"日三省吾身"。而在这"三省"中，前两个都是和朋友和他人有关的。人不是孤零零的存在，单枪匹马闯江湖，那不是英雄，那是不成熟。个人单打独斗，行之不远。要相信团队的力量，组团式发展，借船才能更好出海，而且要借大船，才能经得起大风大浪。什么是船？就是平台，就是人脉，就是风口等等。这里重点探讨人脉。在体制内工作，比如在某某部委，不论你官职多低，到了地方人家都会把你看成是中央来的，很是尊重，因为背后始终有个大牌子在，因为工作的稳定性，这个大牌子基本上会伴随你的整个职业生涯，所以人家会更尊重。在体制外工作，那就不好说了，市场瞬息万变，成功失败往往在一年、半年之间变换，于是市场中的人可能相对短视一些、现实一些也就不足为怪了。那我们如何应对呢?

一是要积极积累自己的人脉资源。要深刻认识到人是社会化的存在,要积极融入,要增强与人打交道的积极性、主动性,不要躲避,不要老宅着。要珍惜每个阶段身边的人,同学、同事、领导、下属,乐于助人。要敢于吃亏,甘于吃亏,我们老说"吃亏是福",等你社会阅历多了就会明白很有道理。参与饭局,不要老是白吃白喝,蹭吃蹭喝,也要经常组局,谁都不傻。

二是要善于经营整合好朋友圈。市场经济,最强调资源优化配置,整合资源的能力是最重要的能力之一,对物的整合这里不展开探讨,对人的整合始终是最重要最关键的。每个人都有自己的优势和劣势,都有自己轻而易举能办的事儿,但也有丈二和尚摸不着头的时候。所以,整合优化就有意义,做增量,1+1大于2就有需求。圈子是圆的,你帮助了张三,张三又帮助了李四,李四可能又帮助了你,这样就提高了你在圈子里的价值。经营好人脉圈子,要注意圈子的层次和结构,底线是圈子里的人一定要心地善良、积极向上、讲信修睦,这样的圈子才能充满正能量,自己也才能得到提升。要注意圈子的日常维护,没事时多多问候互动,时不时可能还要有点小事儿相互麻烦下,有时候好关系是相互麻烦出来的。

三要提升在朋友圈中的地位。要知道,市场规则下,永远是强强联合，互补联合，以强带弱，帮扶落后那是做公益。所以，练好内功，提升自身实力才是根本。这种实力，不是单纯的你有更大的权力，有更多的金钱，你权再大，钱再多，别人瞧不上你、不求你，有何相干？所以重要的是做好自己的人设，提升自己做人的品位，增进自己的智慧。一帮社会地位差不多的人，在一起往往是为了觉得舒服，能聊到一起，能相互启发。如"朋"这个字，是有同样的两个"月"合起来的，两个月亮合起来，多亮啊！当然，朋友圈里也会有各色人等，对不靠谱的人，不要立刻拉黑，冷处理就好，求同存异，一切都在变化中，不要搞僵了，没有回旋余地。这也是个自然淘汰和缘聚缘散的过程。

五、行善守正能力

近两年一部叫《狂飙》的电视剧异常火热。剧中反派主角叫高启强，原为鱼贩子，曾备受他人欺负，后偶遇高人指点，认真研读《孙子兵法》，成为黑社会老大，最后结果可想而知。于是网上就流行了一句话："读孙子兵法，品启强人生"。是《孙子兵法》的错吗？非也。不少人脑子里对该书的印象就是，什么"兵者，诡道也"，什么"兵不厌诈"。但是都忽略了一个重要前提，那就是《孙子兵法》的开篇第一句"兵者，国之大事"，在维护国家民族利益的大前提下，兵事的诡诈，才具有合法性。

这就是我们常说的目的证明手段的合法性。于人生而言，更是如此。不然，高启强何以没有笑到最后？因为方向错了。我们来具体看看《孙子兵法》开篇是如何说的：

兵者，国之大事，死生之地，存亡之道，不可不察也。故经之以五事，校之以计而索其情：一曰道，二曰天，三曰地，四曰将，五曰法。道者，令民与上同意也，故可以与之死，可以与之生，而不畏危。天者，阴阳、寒暑、时制也。地者，远近、险易、广狭、死生也。将者，智、信、仁、勇、严也。法者，曲制、官道、主用也。凡此五者，将莫不闻，知之者胜，不知者不胜。故校之以计而索其情，曰：主孰有道？将孰有能？天地孰得？法令孰行？兵众孰强？士卒孰练？赏罚孰明？吾以此知胜负矣。

非常清晰，道、天、地、将、法，道是首要的。没有正道指引做底蕴，术越高，坑越深。这与司马光《资治通鉴》中的名句"才者，德之资也；德者，才之帅也"，根本价值观和逻辑是一样的。这就是我们的传统。所以，面对市场之残酷，行路之不易，不能遮蔽了本心，不能迷失了人生方向。要有狼性精神，但不要成为狼。狼性太过，过于生猛，加上圆滑世故，反而无用，可能还会被反噬。现在不少所谓专家，在自媒体平台上，把人性中最丑的那一部分展现出来，大加鼓吹，还自以为发现

133

了真理，还觉得是人性的光辉，可悲得很啊！借用卢梭的一句话："他们鄙夷地嘲笑着祖国、宗教这些古老的字眼，并且把他们的才智和哲学都用之于毁灭和玷污人间一切神圣的事物……专求标奇立异的人，还有什么事情做不出来呢！"[①]要知道，出来混，哪怕是真的鬼，也要披上人的外衣。我们要想成为响当当的人物，做到《孙子兵法》中这句话就够了："将者，智、信、仁、勇、严也。"需要提醒的是，这五个字要求要刀刃向内，是对自己提的，是自修的路径，而不是对别人的要求。

相信因果，守拙守朴，无用乃大用。守住"善"，守住"正"，这是我们的根本，是我们的基本格局，也是大格局。慢慢修行、沉淀，形成的将是闪亮的人格魅力，是功德福报。

当然，行善守正是方向，具体实现它的方式方法可以灵活多样。这就需要讨论一个问题，多数人都会问到的问题：老实人到底吃不吃亏？我们经常会听到领导反复高调地讲：决不让老实人吃亏。我们老实人听了感觉很欣慰。但为啥领导老是这样讲呢？因为缺啥讲啥。10多年前，本人陪领导去外地出差，酒足饭饱之后，当地一位级别不低的领导送我们回宾馆，车上，借着酒劲儿，大家很欢快。不知道啥缘起，讨论起老实人到底吃不吃

亏的问题。那位领导突然一句话，让我很是吃惊，真乃妙语也："不吃亏咋证明你是老实人呢？"领导如是说。我一时还有点儿转不过弯，但确实有点冲击力。说这话的领导当时也被自己惊艳到了："我怎么会说出这样惊人而深刻的话呢？"大家哈哈一乐。现在明白了，做个老实人是对的，守好本分，干好本职工作，让领导放心，但绝不能木讷、呆笨，不能没有个性，没有底线，谁都可以欺负，真的成了软柿子。软柿子嘛，不捏你捏谁？再者，我们如果真的吃了亏，反正当时的形势也无法翻盘，我们就至少表面愉快地接受这个亏，但要想办法（读者自己琢磨）让领导和身边的人知道，我们不是傻子，要让他们知道他们欠着咱的情，日后要想着还回来。世间的事儿，有再一再二，不要让其再三再四。

六、东山再起能力

东山再起是个典故，讲的是谢安的故事。唐朝房玄龄等著的《晋书·谢安传》中记载："（谢安）隐居会稽东山，年逾四十复出为桓温司马，累迁中书、司徒等要职，晋室赖以转危为安。"后人据此提炼出"东山再起"这个成语。谢安本无意出来，但面对东晋政权内忧外患的严峻形势，面对时人的期待，又兼其兄豫州刺史谢奕的去世，以及其弟中郎将谢万因北征失败被废为庶人，谢氏家族确乎需要有一个新的人物出来支撑局面。

于是乎，谢安虽年逾四十，仍以"世道未夷，志存匡济"慨然应诏，重步仕途。这体现了名士的家国担当①。

由此出处看，我们现在说的东山再起，与原来的意思是有点儿不同的。我们现在更加强调的是，失败后能够重新站立起来，重振雄风，重新风光起来。

讲到这里，我们很自然地会想到项羽。《史记·项羽本纪》记载："项王乃欲东渡乌江。乌江亭长檥船待，谓项王曰：'江东虽小，地方千里，众数十万人，亦足王也。愿大王急渡。今独臣有船，汉军至，无以渡。'项王笑曰：'天之亡我，我何渡为！且籍与江东子弟八千人渡江而西，今无一人还，纵江东父兄怜而王我，我何面目见之？纵彼不言，籍独不愧于心乎？'乃谓亭长曰：'吾知公长者。吾骑此马五岁，所当无敌，尝一日行千里，不忍杀之，以赐公。'乃令骑皆下马步行，持短兵接战。独籍所杀汉军数百人。项王身亦被十余创……乃自刎而死。"

很多人都为项羽的决策感到惋惜，认为他应该听从乌江亭长的建议，回江东。我认为，项羽非小人物也，至此危难之际，大彻大悟，考虑问题着眼大局而非一己私利，他识得了历史趋势，如果回江东"王也"，将来只能叫偏安一隅，或者卷土重来，而很难东山再起，不然江东父老又是血流成河。所以，他是大英雄。

---

① 详见百度百科："东山再起"https://baike.baidu.com/item/%E4%B8%9C%E5%B1%B1%E5%86%8D%E8%B5%B7/1489271?fr=ge_ala.

回到当下。

在体制内工作，如果跌倒了，要看具体情况，是因为啥跌倒的很关键。如果是触碰了底线，那没的说，该判刑就判刑，别指望什么东山再起了，当然，出来了在体制外也是可以做出一番事业的，在体制内再想着飞黄腾达，没门儿。如果是因为形势不巧，背了锅，那是有机会翻盘的，过了风头，组织可能会考虑重新启用，毕竟个人不存在什么问题。但总的来看，自己说了算的成分不多。在体制外工作，遇到的变化、挫折可能会更多，一切的一切都需要自己扛，所以具备东山再起的能力更为重要。

如何做到东山再起？首先是要有绝不服输的信念。我们被打趴下了，但骨子里不认输，要坚定地爬起来，干翻对方，干翻困难，干翻失败。因为我们曾经成功过，证明我们可以继续成功。这是任何时候都要保持的成功者的心态，不然，东山再起就是个笑话，自己麻痹自己的幻梦。历史上最为称道的东山再起的例子，非越王勾践莫属了，他为什么能够卧薪尝胆，能够忍人所不能忍，给吴王尝大便看病，因为他是越王，关键是王者，骨子里有股真正的王者之气。陈道明饰演越王勾践，绝配。再进一步讲，即使没有再次成功，这份坚持、这种精神本身就是一种成功。只要有这股阳刚之气在，就证明我们从来没有被击倒过。其次，要有刀刃向内、自我剖析的自我革命精神。我们遇到了坎坷、挫折，甚至失败，证明我们在谋划和行动过程中有考虑不周的地方，不要推卸责任，不要埋怨社会，不要甩锅给别人，虽然其中有这方面的因素，但你能够改变吗？我们只能通过调整自己，不恋战，及时止损，让沉没了的成本沉没了吧，重振精神，及时调整方向，将来更好地把控局势，以图东山再起。所以，不要被挫折打昏了头，要冷静分析自己过去的优势、好经验、好做法，继续发扬光大；要深刻检讨存在的问题，是自己德才素质不够，还是市场判断有误，还是识人用人有偏差等，不要遮遮掩掩，这不是做给别人看的，这种辩证剖析，发扬成绩，补齐短板，就是新生。第三，要寻求贵人相助。过去的成功，证明咱人品还可以，应该树立了一定的江湖口碑，积累了一定的人脉资源。当然，那种纯靠运气发达的有，但是不具有分析借鉴意义。谁能保证天天走狗屎运？历史上东山再起的不少情况，都是有贵人的帮助，比如曾国藩曾因在朝堂上言语顶撞了咸丰皇帝，被摘去顶戴，关进刑部大牢。刑部尚书陈孚恩为了整垮曾国藩，擅自用刑，将他打了三十棒。曾国藩是如何度过这一劫的呢？靠他的学生，时为翰林院里的一名七品编修——李鸿章。李联合翰林院48名翰林，给咸丰帝上了一道《参协办大学士、刑部尚书陈孚恩擅审钦犯》的折子，扳倒了陈孚恩，解救了他的老师曾国藩。所以，贵人并非全是比自己权势高、钱更多的人。在我们危难之际、为难之时，能够有一句温暖的问候、安慰、鼓励，就是贵人。我们要珍惜。当然，我们平时也要多多当别人的贵人。善的能量是会集聚的，关键时刻能够发生核聚变，能量非凡。

第八章　体制内外：在围城中内卷张望

内卷是人类的癌细胞

2020 年网上流行过几张图片，在某著名高校，有人骑着自行车看书、骑着自行车使用电脑学习等等。于是乎，"边骑车边用电脑"的同学被称为"卷王"登上热搜。内卷成了这几年的高频词，时髦语，还有伴生的相关词汇比如 PUA 等等。仿佛一夜之间，全世界进入了一种新的混沌状态：内卷。据 2021 年 8 月 25 日百度指数数据分析平台显示，"内卷"的整体日均搜索指数值为 16999、移动日均搜索指数值为 14886、最高峰值为 88726（2021 年 5 月 31 日）

2021 年，智联招聘发布的《职场人企业文化认知调研报告》显示：不良企业文化会为职场人带来不愉快的工作经历。"内卷严重、工作强度大"排在首位。42.2%的职场人表示所在企业"内卷严重"，31.0% 和 30.1%的职场人分别在工作中有过"惟领导命令是从"、"存在裙带关系"的不快经历。①

人民智库于 2023 年 6 月 16 日至 6 月 27 日通过微信公众号平台发起"青年群体竞争心态调查"，以 14~35 岁年龄群体为受访对象，共回收有效样本 2515 份，覆盖直辖市、省会城市、地级市、县级市、县和乡镇村等地域。调查数据显示②：

超六成受访青年认为自己"非常'卷'"（35.07%）或"比较'卷'"（27.99%），超二成受访青年认为自己"一般'卷'"（24.25%），仅有一成多受访青年认为自己"不太'卷'"（10.26%）或"完全不'卷'"（2.43%）。

从年龄分布看，31~35 岁阶段的年轻人处于"内卷"竞争的中心。调查数据显示，这一年龄阶段 64.58% 的受访者认为自己"非常'卷'"或"比较'卷'"，该数值高于 14~18 岁（64.00%）、19~25 岁（63.22%）、26~30 岁（62.24%）的受访青年。对于"小于 35 岁是'人力资源'，大于 35 岁是'人力成本'"的观点，31~35 岁年龄阶段的年轻人也更加认同（63.75%），高于其他 3 个年龄群体。年龄价值减损可能导致被裁概率更高，造

①https://focus.scol.com.cn/zgsz/202109/58297543.html.

②《我国青年群体竞争心态调查报告（2023）》，来源：《国家治理》2023年 10 月上 作者：人民智库，http://www.rmlt.com.cn/2023/1017/685284.shtml.

成更强的"内卷"感。

从学历分布看，本科学历受访青年对"内卷"竞争的敏感度最高。调查数据显示，69.95% 本科学历受访者认为自己"非常'卷'"或"比较'卷'"，该数值高于大专（59.23%）、高中/职高/中专/技校（58.92%）、初中及以下（54.38%）以及硕博研究生（53.53%）学历的受访青年。

从地域分布看，"内卷"竞争呈现"越向上，越'内卷'"的特点。调查数据显示，72.02% 生活在直辖市的受访青年认为自己"非常'卷'"或"比较'卷'"，比例最高，居于首位；仅有 41.89% 生活在乡镇村的受访者对自己作出这一评价，比例最低，处于末位；生活在省会城市（67.00%）、地级市（59.52%）、县级市和县（53.19%）的受访者分列第二、第三、第四。一线城市发展机会多，收入高，但是压力大；三四线城市虽然工作机会少，收入低，拼关系，但相对来说压力比较小。

内卷是什么？① "内卷"在学术文献中常用作"内卷化"。 经济学家韦森认为，"内卷"这个概念是德国哲学家康德在《判断力批判》一书中最早使用的。使内卷化概念得到发展的是两位人类学家，一位是戈登威泽，

① 大家可以参考 2021 年 6 月 6 日人民论坛网发表的《内卷、打工人……这些流行语暴露了什么？》。

他将一种文化模式达到了某种最终的形态以后，既没有办法稳定下来，也没有办法转变为新的形态，而只能不断地在内部变得更加复杂的现象称为"内卷化"。另一位是美国的人类学家克利福德·格尔茨，通过调查印度尼西亚的社会现状，写下了一本名为《农业内卷化：印度尼西亚的生态变化过程》的书籍。格尔茨发现，在爪哇岛这个地方，因为土地数量有限，缺乏资本对外扩张，所以大量的新增劳动力，只能不断填充到有限的农业生产之中，尽管当地农业变得越来越精细，但却没有带来任何实际意义上的增长，这个现象，被格尔茨称为"农业内卷"，其本质就是因为土地资源的稀缺。在经济学家凯恩斯看来，造成经济危机循环的主因，或者说人类社会之所以内卷，就是缺乏一场重大的技术革新。学术上研究导致人类社会内卷的原因，主要代表性观点，比如是因为资源稀缺容量有限，导致生存竞争压力加大，比如缺乏科技创新导致原地不动，比如收入分配等基本社会制度公平性和流动性不够，导致阶层流动受限，进而导致内卷等等。

　　现实中内卷的表现。可以说，内卷无处不在。我们过去读书，印象最深、反复说的一句话是，矛盾是普遍的，矛盾无处不在无时不在。内卷也是如此吧。从宏观层面看：有社会矛盾，阶级斗争，社会革命，国家间的战争等等，从某种意义上说都具有内卷的特征，有的是内卷导致的矛盾外溢，比如战争侵略，比如殖民统治。从中观层面看，有资本家对工人的剥削，有房地产商对房奴的剥削，有股市对股民的剥削，有行业周而复始的内耗。从微观层面看，就更司空见惯，不胜枚举了，比如前文提到的《深圳中学2021年新入职名单》。清北博士当高中老师，因为他们成功考进了清北，可以把别人家的孩子培养进清北，然后呢，内卷，循环。再有，人生的需求本应该是丰富多彩多层次多维度的，但现在社会形成了一种所谓主旋律，那就是用金钱衡量一切，把个人需求困在金钱这一个维度之中，从生到死紧紧围绕着金钱转圈圈，进而影响了生命其他层次和维度的发展成长，成为钱奴。网上流传有无数关于内卷的精彩段子，比如这一则：

"我发现上班现在根本不用带饭，也不会饿死。有老板画的饼，同事给的瓜，自己摸的鱼，凭本事打的酱油，同事添的油加的醋，客户放的鸽子顺便带的闭门羹，业绩拿的大鸭蛋，平时辛苦加班流汗存下来的盐，大家吹的水，别人甩的锅，欢笑里藏的刀。还有领导对你发的火，抖音里的甜鸡汤，自己岗位技能加的菜，外加一份老板炒的大鱿鱼，这小日子简直不要太爽。"

我们如何面对内卷？要对内卷有个终极认识。前面关于内卷是什么，那些专家说的我都赞同。但我觉得应

144

该从更广泛更纵深的视角来认识内卷。内卷是个老问题，甚至是个天然的宿命问题，可以说，内卷是人类体内的癌细胞，准确点类比可能应该叫原癌基因。正常情况下，存在于基因组中的原癌基因处于低表达或不表达状态，不仅无害，而且对维持正常生理功能、调控细胞生长和分化起重要作用，但在某些条件下，如病毒感染、化学致癌物或辐射作用等，原癌基因可被异常激活，转变为癌基因，诱导细胞发生癌变①。内卷也是如此。当然，癌症并不一定会死亡，可以终生携带，和平共处，它会提醒你时刻警惕，反而是健康的监督员。人类早期的时候可能内卷得不太厉害，因为头号敌人是野兽，是来自大自然的威胁。当人类社会生产力逐渐发达时，内卷也日趋严重。因为人是万物之灵，其他物种无法对人类起到制衡作用，所以只能靠你们自己搞自己了，自我制衡，所以斗争啊、战争啊，还有日常的小摩擦，就成了正常而普遍的现象。有人的地方就有内斗，这样看有点悲观，但好像真的是这样。当然，小内卷不怕，还有利于推动生产力发展、社会进步，大内卷就不好说了，比如历史上反反复复的农民起义，皇帝轮流做，制度并没有改进，生产力并没有得到大发展。所以，需要有志之士、位高权重之人头脑清醒，发挥国家权力的作用，加强引导调

①周春燕，药立波：《生物化学与分子生物学》（第九版）．北京：人民卫生出版社，2018：405。

控，控制内卷范围和强度，促进新增长，创造新文化，引领社会进步；资本家、巨商大佬们多多良心发现，少贩卖点焦虑，减缓割韭菜、薅羊毛的节奏；作为我等平民百姓，尽量多些理性思考、淡然心态，少些盲目跟风，如果大家都跟风，就容易形成所谓的"集体共识"，那就正中了资本的陷阱。细心的读者可能会发现，本书的所有内容都是在回答如何应对内卷，从一开始的大学毕业就业选择，到体制内外如何选择，如何提高能力素质，一直到文章结尾的回头是岸等，都是如此。

透过窄窄的门缝

我们再回到体制内外，内卷也无处不在，而且这些年都有加剧的趋势。首先是体制内，内卷结果有几种表现：一是形式主义、官僚主义、享乐主义和奢靡之风这"四风"问题屡禁不止，前文中列举的中纪委数据足以让人觉得难受。二是职业倦怠感明显，不作为、不敢担当躺平问题还较为严重。三是想辞职但是没有决心缺乏勇气的人为数不少。四是想办法搞运作把自己调到国有企业拿高薪的人也不少。五是贪污腐败不收手，一批批被抓归案。六是心理健康问题日趋严重，时常会有因想不开导致的异常事件发生。这些现象，从表面看似乎和内卷没有关系，实则关系密切，因为从严管理、三令五申的要求没有得到彻底落实，这些人不仅没有帮助组织成长还损害了组织的形象、文化和效能发挥。

体制外的内卷似乎也愈演愈烈：就业和失业形势严峻，什么自愿加班，什么职场PUA，还有各式各样的爆雷、跑路，身体亚健康，心理失衡，情绪暴躁，35岁退休危机，40多岁失业危机，前文也提到不少，大家感受可能更多。当然，这也和近几年整个经济增长放缓、新旧动能和风口转换等有关。所以想进体制内寻求稳定安心的人也越来越多。

于是，在体制内外围城的墙根底下，聚集了越来越多的疲惫灵魂，彼此张望着，想象着，这时候才发现，原来这城墙是如此之高伟，这城门是如此之厚重，这门缝是如此之狭窄，而且时不时还会关上。我没有找到体制内外人才流动的权威数据。凭我在机关工作20年的经验判断，也没有哪个部门能够统计得清楚准确，所以没有公开发布实属正常。但是从一些点点滴滴零碎的情况，足以能够明白。

一方面出城很难。看看如下报道（此报道是能查到的最近一次官方公布公务员队伍有关数据）

中新网北京2017年5月27日电（记者阚枫）26日，官方发布消息称，中组部等4部门联合发文规范公务员辞去公职后的从业行为。辞职后不得受聘原管辖范围内企业，申请辞职时要如实报告从业去向，健全公务员辞职从业备案和监督检查制度等等，可以说，新规为公务员的辞职行为也套上"紧箍咒"。

去年 6 月，人社部曾发布《2015 年度人力资源和社会保障事业发展统计公报》，按照这份公报提供的数据，截至 2015 年底，全国共有公务员 716.7 万人。从近几年的统计数据看，公务员队伍总量是基本稳定的，辞职的数量有所增长。2015 年公务员辞职不到 1.2 万人，约占公务员队伍总数的 0.2%，这个比例是在正常范围内的。一定比例的公务员辞去公职是公务员队伍正常流动现象，有利于补充新的力量、增强队伍活力。[①]

公务员队伍是体制内的核心队伍，年辞职不到 1.2 万人，占 0.2%，确实不多。当然从公务员队伍调到国有企业的数据找不到，这个转变可以理解成转到了半体制内，也是半体制外。再从国有企业进到纯体制外的数据，更是无从查找。根据身边听到的情况和感受来判断，这些数据应该也不大。

门缝不仅很小，而且要求很严。蔡奇同志 2023 年 6 月 26 日在全国组织工作会议上讲话强调："严格执行领导干部报告个人有关事项、兼职、出国（境）、离职后

---

① 光明网，2017-05-27，《公务员辞职有了"紧箍咒"！申请辞职要报告从业去向》。

从业管理、'裸官'管理等规定。""开展重点领域政商'旋转门'、'逃逸式辞职'问题整治，坚决防止领导干部成为利益集团和权势团体代言人、代理人。"①

另一方面，进城更难。也是无数据可查，只能管中窥豹，凭借推理和感受，这也许比有些不靠谱的数据更实事求是。比如：公务员招录的35岁年龄限制，当然根据学历不同可以稍微适度放宽。我们古代的科举制，好像没有年龄限制，可以考到老，有效地稳了人心，较好地促进了体制内外人才流动，增强了社会阶层互动弹性。还有就是体制外不少人公务员考不了了，就想进事业单位，进国有企业，这在制度上是没有大障碍的，但数量好像也不大。刚毕业的学生这方面机会较多。四五十岁的老同志，难啊！

国家有关部门、有关主流媒体也在积极推动和呼吁体制内外人才流动，但实际效果还在期待中。比如，2016年中共中央印发了《关于深化人才发展体制机制改革的意见》，提出，打破体制壁垒，扫除身份障碍，促进党政机关、企事业单位人才和社会各方面人才顺畅流动，提高人才横向和纵向流动性，其中第十八项任务是："畅通党政机关、企事业单位、社会各方面人才流动渠道。研究制定吸引非公有制经济组织和社会组织优秀人才进

---

① 来源：《党建研究》2023年第8期。

入党政机关、国有企事业单位的政策措施，注重人选思想品德、职业素养、从业经验和专业技能综合考核。"2019年人力资源社会保障部印发了《关于充分发挥市场作用促进人才顺畅有序流动的意见》（人社部发〔2019〕7号），这是近年来人才工作领域首个关于人才流动配置的改革性文件，该文件也提到："鼓励党政机关、国有企事业单位人才向非公有制经济组织和社会组织流动。拓宽党政机关、国有企事业单位选人用人渠道，完善吸收非公有制经济组织和社会组织中的优秀人才进入党政机关、国有企业事业单位的途径。"再比如，国家原行政学院刘旭涛教授在人民论坛网上发表了《如何畅通"体制内外"人才流动通道》，胡军教授在中国共产党新闻网上发表了《让改革激活人才流动"一池春水"》。

内卷三角恋

职场上的内卷，无论体制内还是体制外，虽然表现形式五花八门，但有三个方面是躲不过去的，可以说也是苦恼的主要来源，一是如何处理好与领导的关系，二是如何处理好与同事的关系，三是如何处理好与下属的关系。这个三角关系，是内卷的主要生成和藏身之地，可以说是三角之链，三者谁也离不开谁，但层级不同、层层相生相克，"官大一级压死人"；是三角之恋，有可能"爱得死去活来"，极度甜蜜，不惜为对方"上刀山下火海在所不辞"，甚至"愚忠"，为其违法乱纪，但恨的时候，不惜挖坑设陷，落井下石，"置之死地而后快"；是三角之炼，锻炼的炼，炼狱之炼，是必经的修道场和课程。总之，这个三角，是一个大大的江湖，充满爱恨情仇，味道独特，既欲罢不能，又超脱不得。谁能够把握其规律，能够找到破解之道，就能够游刃有余，自由行走于江湖之上，云淡风轻。反之，风急浪高，烦恼无尽。

与领导的关系：忠诚

　　与领导处好关系，可谓非常之重要，不仅可以为自己营造舒心的工作环境，还能让他人高看一眼，更重要的是，能够为自己赢得未来高升的机会。职场之大事也，不可不察。从古至今，多少人的得意、失意就源自于此。那么，有没有秘诀呢？我觉得应该有，唯忠诚二字值得深究值得玩味。

　　"百度百科"上说：忠诚，汉语词汇，简而言之就是捍卫。为了正义的事业无条件地付出自己的一切。全方位精准打击敌对势力，不遗余力地匡扶正义正气。竭尽全力，肝脑涂地，使命必达。《忠经》①：忠者、中也，至公无私。忠也者、一其心之谓矣。为历代儒客推崇。

"百度百科"上说得很对，但运用到现实中，运用到处理与领导的关系，显得过于高大上了。我们可能需要稍微降低一点维度，使之更为实用、可操作。你看忠字，是中在心上，何为中？就是尺度，这提醒我们，要把握好忠诚的尺度、忠诚的分寸。所谓中庸之道，不偏不倚，不走极端，中肯。再看诚字，由言字和成字组成，这告诉我们一个秘密，对领导忠诚，主要是通过言语而达成的，所以说话的艺术非常重要，至于什么上刀山下火海之类的，你想想，现实中哪儿有这机会，再说了，谁真上过刀山、下过火海？不要幼稚，有些事说说而已，但是不说又不行，过不了关。具体来说，忠诚的分寸要把握三个层次。

忠诚于底线：啥是底线？第一，底线是理想信念，是党纪国法。我们说忠诚于领导，其前提是忠诚于理想信念，忠诚于党纪国法，因为这也是领导的底线，正因为领导也忠诚于此，所以才能带领我们干事业，所以他才能成为领导，否则，那不叫领导，那叫黑社会。所以从根本逻辑上讲，二者是根本一致的。但现实中，有些人往往把与领导的关系庸俗化，变成了完全的人身依附关系，热衷于搞"小圈子""拜码头""搭天线"，有

①《忠经》，作者马融，右扶风茂陵（今陕西兴平东北）人，名将马援之从孙。知识渊博，遍注群经，是东汉著名经古文学家。

些领导则把下属当做自己的私家队伍、私有财产、私有势力。颠倒了是非黑白。所以就会有所谓的愚忠。如果明知领导违法乱纪了，还"助纣为虐"，害人害己，得不偿失。你看《中华人民共和国公务员法》第十四条规定，公务员应当履行八个方面的义务，前四个方面开头的字眼用的就是"忠于"：忠于宪法，忠于国家，忠于人民，忠于职守，对忠于职守的展开表述是"勤勉尽责，服从和执行上级依法作出的决定和命令，按照规定的权限和程序履行职责，努力提高工作质量和效率"。看到了吧，服从和执行上级的决定和命令，其前提是"依法作出的"。

《人民的名义》是当代作家周梅森创作的长篇小说，2017年3月28日，根据该小说改编的同名电视剧一经播出，就火遍大江南北。剧中时为汉东省委副书记的高育良与前妻吴惠芬深度讨论时，提到了官二代赵瑞龙美食城项目的事，高育良说："没想到这个赵瑞龙真是厉害，当时作为省委书记的赵立春，竟然能听他宝贝儿子的。当时我也就那么随口说了这么一句，只要赵书记能把李达康弄走，两个项目我批了，没想到，一周之后，李达康真被调走了。"赵立春还承诺让高进省委常委。吴惠芬听了，惊讶得差点没反应过来："这也太儿戏了吧？赵瑞龙居然有这个力道？这会是真的吗？"赵立春在美食城上的一系列操作，令高育良感到害怕，他直言自己的理想信念从此以后破碎了："这权力游戏真能这么玩？

是赵立春一个人在这么玩,还是所有的人都这么玩?""就是从那个时候起,我的理想信念算是彻底崩溃了!"

剧中这些人物,无论是高育良,还是赵立春、赵瑞龙,还有祁同伟等,正是因为只忠诚于个人私利,把权力当成捞取私利的工具和游戏,所以最后必然会灰飞烟灭,得到应有的惩罚。

第二,底线是不忍人之心。我们无论是扮演领导角色还是扮演下属角色,本色都是一个人,做人的姿势不能变形,底色不能变。"英雄本色",保住了"本色",方可能成为"英雄"。领导和下属的角色会变化,但做人的口碑不会变。再说了,谁也不是傻子,在领导面前耍心眼玩花招,能玩多久?人家是看透不说透,留有面子。待到时机成熟,损失的往往是自己。大家都熟悉,孟子曾讲过:"人皆有不忍人之心""恻隐之心,仁之端也;羞恶之心,义之端也;辞让之心,礼之端也;是非之心,智之端也。人之有是四端也,犹其有四体也。"每个人都如此,每个人对每个人也应该如此。我们对领导也应该有此善心,多给领导出好主意,别出馊主意,把领导带到坑里了,皮之不存,毛将焉附?当领导决策确实有问题的时候,我们要敢于提醒,这是对领导真的好,是"四心"的发动。领导可能一时不听,没关系,我们只管做好自己,做好下属应当尽的本分。

第三,底线是"以直报怨"。当下属,难免被领导"欺负"。当然，这种欺负，有的是真的，有的是为我们好，要做具体区分。如果是真欺负，咱也不能甘受奴役。《论语·宪问》中有一场很重要对话，有人问孔子老人家："或曰：以德报怨，何如？"，子曰："何以报德？以直报怨，以德报德。""以德报怨"的境界过于高，搞不好也容易助长坏人的嚣张气焰，自己可能更为受欺负，不现实，我们一般人做不到的。所以，孔子老人家叫我们"以直报怨"即可。这样我们就既不会堕入以怨报怨的恶性循环，又能保持君子的宽厚仁慈、正义正气，光明磊落，不惧邪气。当然，如果领导的行为超越了大是大非的底线，我们还要敢于斗争，这也是"直"。

忠诚于情感：第一，把领导当人而不当神。领导也是人，也有七情六欲，不要把领导当成神，高高供着，搞得领导很孤独，反而疏远了关系。只不过也要把握好尺度。领导口头上把你当兄弟，你可一定要清醒，要把领导永远当领导，领导说："哥们，啥啥啥的"，你只能说"领导，您说得对，啥啥啥的"。领导高兴开心的时候，要一起烘托美好气氛，领导落魄失意的时候，要默默关心安慰。

第二，要发自肺腑，珍惜缘分。职业生涯中能够遇到好领导，其实挺不容易的，是缘分，也是我们的福分，我们要倍加珍惜，懂得感恩。他们是我们职业发展甚至人生道路上的贵人。过去讲门生的观念，领导就是我们的师傅、老师，从领导身上我们能够学习好多好的经验，当然也会有教训。工作是变动的，领导也会调来调去，不管你的时候，你也不要把领导忘到九霄云外，要时不时地联系领导，多汇报心得，多沟通感情，多跑腿服务，虽然大多数情况下，领导并不需要，但这是我们的态度，态度很重要。

第三，要尽心尽力干好工作。对领导交办的工作要上心。上心不上心，工作状态是不一样的，工作效果也是不一样的。我们不能光给领导来虚的，请领导吃好喝好，讲点漂亮话，这是远远不够的，关键是要把工作干好，让领导放心，给领导工作添砖加瓦、给领导脸上贴金，这也是我们的本分，这也是我们感谢好领导的最好方法。这里讲个小故事。估计不少人都去过重庆白公馆和渣滓洞吧。我去过三次，每次去都受到一次精神洗礼："革命何须问死生，将身许国倍光荣。今朝我辈成仁去，顷刻黄泉又结盟"，还有江姐，还有小萝卜头，感人至深，荡气回肠。在这里我要讲的是，在渣滓洞看守所墙上用很大的字写着一段话："长官看不到、想不到、听不到、做不到的，我们要替长官看到、想到、听到、做到。"我第一次看到的时候，感到很吃惊，这话说得没毛病啊，做下属的就应该这样。可回头一想，不对，把这句话刷在这里，糟蹋了这句话了。因为国民党反动派，方向错了，照着这句话做就是愚忠。

忠诚于形式：在职场上，我们唯一能把握的是我们自己，至于谁当我们的领导，我们无从把握，那是组织的事儿、公司高层的事儿。当然，组织和公司高层做的决策，也是由具体人来做的，是人，就不是神仙，所以有的人能力水平和人品都一般，甚至不及格，但就是人家命好，当了领导，就领导你，你怎么办？三句话九个字儿：第一，过得去。在一个组织序列里，领导角色就是领导角色，下属角色就是下属角色，这是秩序，是组织赖以存在的基础。所以，你不能去打破这个秩序，对一个不好的领导，在工作上，你还要做你该做的，在心里可以一万个不服气，不认可，但在形式上，你也得走过场，按照规矩办事，该请示请示，该汇报汇报。要知道，能力水平差的领导，更在意这个形式。我们面子上照顾到了，才能让领导心不虚，相互才能安生。第二，不得罪人。如果领导仅仅是能力水平差一些，人品很好，没关系，我们也按照上面说的"忠诚于情感"。如果其人品有问题，我们就得小心谨慎了，要知道君子很难斗得过小人，要学会保护自己，形式上千万不要得罪对方，尤其是在公开场合不要对着干，否则，对方会记恨在心，伺机报复。胳膊很难拗过大腿。第三，坦荡荡。《论语·述而》有一句人人耳熟能详的经典话："君子坦荡荡，小人长戚戚"。我们将其调个顺序、反过来，就很有启发："小人长戚戚，君子坦荡荡"。我们应对"长戚戚"，就用"坦荡荡"，应对"暗"，就用"明"，开阔胸襟，认识到这是一个再自然不过的情况，前面说过，有人的地方就有江湖，就有斗争，包容这样的领导，但不沆瀣一气，不拍马溜须，虽然这样的人可能更希望下属搞人身依附，但我们坚决不干，一身正气，同时干好本分工作。要知道，无论啥样的领导，都需要真正愿干事儿、会干事儿、干成事儿的下属，不然他的政绩、业绩从哪儿来呢？

与同事的关系：团结

为了共同的事业而走到一起，叫同事；为了各自的利益而不得不走到一起，也叫同事。形式上一个单位的人，都叫同事。这里讲的同事，侧重于领导——同事——下属三角关系的视角，指一个单位、一个团体内平级的同事。那么问题的复杂性来了，级别一平等，就会存在潜在的竞争关系，有竞争关系，就会较劲，甚至斗争。但是如果把竞争和斗争作为同事关系的底色，反而得不到预期的结果。我们要有更高的智慧，以不争而争，先舍而后得，至少表面上你要这样做。否则，当下就会被边缘化。任何组织、公司都不会喜欢"公鸡中的战斗机"，处处树敌，自私自利，急功近利。"一阴一阳之谓道"。所以我们要相信，处理好同事关系的法宝是团结二字。从这两个字的表面上看，就能给我们不少启示。团字，外面一个圈圈，里面是人才的才字，意思就是把有才的人聚集起来干事儿。你自己如果真是个人才，就需要进入这个圈圈，遵守这个圈圈的规矩，维护这个圈圈的价值观和使命，反之，不和其他人才聚集起来，不进入圈圈、圈子，就是被孤立，单枪匹马干事创业很难成功，当然这时候你是一个人了，同事的概念也不存在了，跑出了讨论的主题。结字，左边为绞丝旁，右边为吉祥之吉，启发我们，在处理同事关系的时候，要以吉为纽带，比如吉祥之心、吉祥之语等等美好的心态、行为。所以，团结是一个组织一个单位的存在基础，以吉聚才，聚才为吉，大家因为吉祥美好的事业和团体生活而走到一起。这个理念要树立。

珍惜团结。我们经常说一句话，团结出生产力、出战斗力、出干部。这句话非常到位，从三个维度给我们揭示了珍惜团结的重要意义和内涵，组织价值、个人价值因之而实现。第一，团结是生产力。生产力是什么？就是事业，宏观的事业，比如实现中华民族伟大复兴，中观的事业，比如一个单位的具体使命愿景，微观的事业，比如我们每个团队成员的收入待遇每年能否"多收个三五斗"。大家只有心往一处想，劲往一处使，才能创造和推动生产力发展，团队绩效好，结果才能是人人受益。第二，团结出战斗力。这个战斗力包括团队战斗力和个人战斗力。团结了才能有一加一大于二的效果，而且在这个过程中，每个人才能相互帮助共同提高。个人的工作能力不是凭空而生的，它是随着事业和团队的成长而成长的，而且只有在事业和团队中才能得到认可和验证。自吹自擂，一文不值。第三，团结出干部。这个逻辑再简单不过了。尤其在体制内工作，在干部的提拔晋升过程中，民主投票是重要的环节，不团结，谁的票都上不去，群众基础不扎实，那大家都继续当群众吧，如果更严重，成了一群乌合之众，那可能就得换领导，开展整顿，很严重。体制外工作，如果不团结，也类似，到处告状，领导想用一个人也得顾及影响，因为将来此人当了领导，服不了众，领导能力不行，不仅不能领导大家干事业，还可能捅出娄子。

维护团结。团结这么重要，如何维护团结呢？一是要有大局意识。遇到事情，能够站在组织、站在单位的角度考虑问题，学会换位思考，假设您就是本单位的一把手，想想这事儿咋办。现实中，作为上级领导，遇到下属团队不团结闹矛盾，肯定是先提醒教育，如无改观，那就各打五十大板，甚至采取组织措施将其中一方或者两方都调离。这样对谁都不好。二是要为人正直，不搬弄是非，不拉帮结派。最好要心胸开阔，容忍让人，尤其不嫉贤妒能，同事有进步有业绩，要有随喜心态，而不是冷嘲热讽自命不凡，相反要增强相互补台意识、协作意识。三是要按规则办事儿。按照法定的职责权限和程序开展工作，不要动不动就越过锅台上炕，越级请示汇报，拿上级领导压别人。要坚持原则性与灵活性相结合，营造宽松、和谐的工作氛围。

表面团结。反复强调的东西，除了本真重要外，往往是现实中比较缺乏的东西。所谓团结，也并非铁板一块儿，时时团结，处处团结，事事团结，如果真是这样了，领导反而不好当了，领导有可能还会故意制造点小麻烦，所谓的制造鲇鱼效应。所以，我们如果遇到不团结比较严重的情况，建议：一是要独善其身，不让自己成为矛盾的焦点，成为领导眼中的"刺儿头"，这也是明哲保身。二是家丑不可外扬，因为我们也是其中一分子，严格说可能也有份儿，即使我们离开这个单位、这个团队之后，也不要说原单位原同事不好。三是任何情况下，对事不对人，注意讲话分寸。别人跟你说小话，说某某某多么多么可恶，要清醒，不要被带沟里。四是要把矛盾控制在可回旋的范围之内，山不转水转，水不转人转，人不转心转，说不定哪天风水轮流转，给自己留点后路余地。批评与自我批评是我们的成功经验和法宝，更多时候要颠倒个顺序来践行，把自我批评放在前头，当做重点。至于批评他人嘛，要慎重，即使批评也要注意用语，不要搞人身攻击。

与下属的关系：真诚

在领导与下属这对关系中，领导处于绝对优势，是表面的甲方。领导手中有权力，相对于下属，势能较高，但居高临下、颐指气使不能有。当领导的这份所谓神气，不用学，很容易有，但要心里清楚，真正牛气的领导者，恰恰是要努力克服掉这种高高在上，至少在形式上不要这样，以真诚的态度来对待下属。原因至少有两个：一是领导权威的来源，除了法定、组织赋予之外，更多的是靠领导者个人的人格魅力。只有不虚假，不虚情假意，不作威作福，不高人一等，下属才会真正认同拥护，而且这种认同是长期的，哪怕您不当他领导了甚至退休了，他还认这个缘分这个关系。二是现在的下属主要是知识性员工，不是本科，就是硕士、博士，他们有着巨大的创造力，可能掌握着核心技术，不能像过去那样，把工人当奴隶，用管理奴隶的手段方法来管理，否则，你这个领导根本当不成。过去把管理和领导混为一谈，过去更多的是管理，现在更多的是领导，由管制向引导转变。尤其是在体制外，不少科技公司的老板是给员工打工的，没有员工，企业就会遇到大问题。

处理好与下属的关系，关键词：真诚

真诚关心。领导关心下属，有一个历史演变过程，在过去看来并非天经地义，比如古代讲究"君叫臣死臣

不得不死"。现在来看，简直不可思议。现在时代不同
了，领导者必须学会真诚关心下属，这样才能带起一支
好队伍。首先要有平等的心态，从同为人的尊严出发平
等以待，真正对人尊重，不分贫富，不分阶层，不分角
色。千万不要把员工仅仅当做完成任务挣钱的工具。"一
将功成万骨枯"，那是战争年代的客观现象和无奈残忍。
但如果为了追求个人的"成名"而故意牺牲他人，那是
坏蛋之为，罪孽深重。10多年来社会上普遍的"人力资本"
的提法，我觉得也是有问题的，把人当成了工具。我们
过去强调科学发展观的核心是以人为本，而不是以人为
本儿，多个儿化音，性质完全不同了。其次，要有真实
的举动。古代影视剧里经常会看到这样的画面，我若当
了皇上，封你为 ***，郭德纲于谦的相声里也经常有这样
的段子。画饼的活是最简单的活，只不过有些饼过于漫
无边际，真心有点不要脸，大家对比下当下的诸多庞氏
骗局、金融骗局，自然会无奈会心一笑。当领导肯定要
给下属画饼，好听点的说法叫愿景激励，这里只是想提
醒一下，这个饼要尽量真实一点，不然，手中的期权就
是一张废纸。第三，要关心下属的生活。现在体制内外、
各行各业都不容易，加班加点是常态，每个人程度不同
地处于亚健康状态，还有家庭成员的默默付出，领导者
要多关心一下，营造点温暖的人情味道。

　　真诚指导。领导不会指导下属开展工作，那就不叫

领导，也很难当上领导。我们选人用人的机制，为什么强调要多岗位锻炼，强调在不同职级岗位上锻炼，就是为了让其熟悉基层，熟悉业务，熟悉全局，熟悉人情世故，为将来当好领导做准备。

电视剧《贞观长歌》中有一个桥段，非常精彩。长孙无忌要把魏徵等人押赴刑场，李世民说放了魏徵，请魏徵辅佐他治国，而魏徵觉得有失忠臣之节。李世民一段精彩的话说服了魏徵："你知道对旧主尽忠，却不知道忠于大唐的江山社稷，虽忠，却不是大忠；知道守一个人的志节，却不知道为天下苍生做点益事，虽贤，却不是大贤！你饱读圣人之书，却还是没有明白，做忠臣易，做大忠臣难，做贤者易，做大贤者更难的道理。"魏徵大为佩服，辅佐李世民共创了"贞观之治"，成就了江山社稷，也成就了君臣关系。这就是真正领导者的心胸格局，有政治家的视野情怀，有对人心的精微把握，所以才能指明大方向，当好伯乐，带领队伍干出一番事业。

领导者要指导好下属工作，一是要指导到点儿上。领导自身要懂得基本的业务逻辑，不要一问三不知，还在那儿充满激情瞎指挥。当然，建议领导对业务不要过于精通，即使真的非常精通，有时候也还要装作不那么精通，给下属留点自由发挥和创新的空间，不然，下属没有机会动脑子，也会把领导累得半死，而且时移位移，领导的经验未必永远都是对的。二是既要压担子更要教方法。现实中，一些领导只会压担子，"不要跟我讲过程，拿结果来"，看似干练，有狼性精神，其实不妥，狼性精神中最重要的是团队作战。岂不知过程有时候比结果重要。只会要结果的领导不是好领导。要给下属指明实现结果的可行路径和方法，供其参考，并启发其不拘泥于此，鼓励创新。当下属执行过程中遇到困难，帮助一块儿分析，再进一步提出解决问题的方法，这样下属才能成长得快。三是要和风细雨，不要疾风暴雨，动不动就上火，骂骂咧咧，搞得人人躲着你走。不少人都有印象，往年我们去考驾照，教练师傅的"独特"风格，有时候把学员都骂蒙圈了。一般情况下，事儿要分析着来，商量着来，引导着来。时时处处都是"棒喝"，把下属吓得哆哆嗦嗦，你再好的思想、方法也听不进去，而且会让下属在心里记恨你，出力不讨好，何苦呢？只能证明领导水平不高。

真诚保护。古代有一句话："爱兵如子，胜乃可全。"每个人都听说过。但是，能够真正做到的却并不多。所以这句话才能传承千年而不衰。我们人人都希望自己的上级领导能够这样，但是当自己当了领导，对待下属时却变了模样，因为作威作福，做官当老爷很容易，更舒服。真正的领导，是一种责任，必须真诚保护下属，这样才能带好队伍。我的队伍我保护，不然呢，别人保护了就成人家的队伍了。这种保护体现在三个方面：一是在领导那儿多说自己下属的好话。你作为中间领导，要多说自己下属的优点，这也是带队伍的小窍门，你的下属会很感谢你。反之，天天叨叨下属多么差劲，其实聪明的人都知道，这样做只能证明你多么的狭隘差劲，根本不是当领导的料子。再说了，如果你带的队伍这么差劲，你没有责任吗？二是要推功揽过。抢下属功劳，在职场上太常见了，下属深感憋屈，但只能忍着。作为一个好领导，团队有了成绩，要真诚祝贺，要帮助他们去邀功。当下属业绩不佳、甚至犯了错误，你要敢于揽责，而不是推脱，尤其不要把自己的错误甩锅给下属。三是既要为下属撑腰，又要严格要求。护犊子是对的，当下属在外面受了欺负，受到了不公正的待遇，作为团队的领导，必须拿出当"家长"的范儿，敢于为下属撑腰，讨回公道。当然，护犊子是有底线的，不能放任下属，不能突破党纪国法和单位制度等社会公德，严管也是厚爱。下属犯了错误，尽力挽救帮助，指导改正，举一反三，下不为例。不要一棍子打死。这对下属也是一种历练，是成长的过程。

关于内卷问题，最后再强调一个意思：留得青山在。张仲景是我们伟大的医圣，他在其伟大著作《伤寒论》序言中说了这样一段话，正好也为内卷心境播撒了一缕曙光：

论曰：余每览越人入虢之诊，望齐侯之色，未尝不慨然叹其才秀也。怪当今居世之士，曾不留神医药，精究方术，上以疗君亲之疾，下以救贫贱之厄，中以保身长全，以养其生。但竞逐荣势，企踵权豪，孜孜汲汲，惟名利是务，崇饰其末，忽弃其本，华其外而悴其内。皮之不存，毛将安附焉？卒然遭邪风之气，婴非常之疾，患及祸至，而方震栗；降志屈节，钦望巫祝，告穷归天，束手受败。赍百年之寿命，持至贵之重器，委付凡医，恣其所措。咄嗟呜呼！厥身已毙，神明消灭，变为异物，幽潜重泉，徒为啼泣。痛夫！举世昏迷，莫能觉悟，不惜其命。若是轻生，彼何荣势之云哉？而进不能爱人知人，退不能爱身知己，遇灾值祸，身居厄地，蒙蒙昧昧，惷若游魂。哀乎！趋世之士，驰竞浮华，不固根本，忘躯徇物，危若冰谷，至于是也！①

　　1800多年前，我们伟大的医圣就发出如此痛心疾首之感慨，今日读之，岂不同感？岂不"哀乎"！职场里可以内卷，但不要自己卷自己，把身心理清爽了，才有战斗力，"绿水青山就是金山银山"，我们的身心就是我们的绿水青山。不要拼了老命去搞，搞到了钱却都送给了医院。没意思，更是本末颠倒，算错了大账。

　　内卷既然无处躲避，无法逃避，那就以英勇的战士

---

　　①王军主编：《中医四大经典注释本》，第481页，太原：山西科学技术出版社，2014年。

姿态，发扬斗争精神，提升斗争本领，在斗争中发现乐趣。这说起来好像很容易，很轻松，做起来确实充满艰辛、焦虑。但不管怎样，我们都要清醒，这些都是外在的过程。要牢记"留得青山在，不怕没柴烧"，牢记"好死不如赖活着"的坚强精神。因为现实中，确实有一些人受不了，想不通，从而做出了极不正常的选择。死很容易，活着很难。但要知道：活着就是活着的意义。我们要遵循"道"的旨意：我们来到世间，没有特殊原因，我们不要擅自做主就回去，我们没有这个权利。我们的任务是想办法活着，活得更好，守住青山，慢慢变老，最后沧海一声笑。

第九章　创业是另一种磨炼

本书主要聚焦普通的职场场景，即打工人的角色。当然，有的小伙伴会说，当领导的可不是打工人。其实都一样，"领导就是服务"，服务于人民群众，服务于事业，服务于下属，最关键的是，他要服务于自己的领导。而创业成功自己当老板，虽然也是一种职业、一种职场，但毕竟不同，是另一类别，因为他上面没有领导了，面对的是市场经济波涛汹涌的汪洋大海，是真正的"孤家寡人"。有鉴于本书内容的完整性，绕不过去，所以在本章简要探讨一下，谈一点粗浅的认知。

一块钱的拐点

有一次，朋友问我，啥是创业？我开玩笑讲：过去我在体制内工作的时候，虽然挣钱不多，但如果发现地上有一块钱硬币，我的习惯是不会捡的。过去我在"宇宙条"打工，年薪百万，看到地上有一块钱硬币，我也不会捡。那么，创业的时候，别说地上有一块钱了，即使没有一块钱，我也得想想能不能生出一块钱。"生意"，就是要有无中生有之意愿，不然就不叫创业，而是守业。这就是差别，这就是市场思维。试想，如果您在创业了，搞了一个商业模式，投入，投入，再投入，您自然会认真计算每个项目每个产品能否多挣一块钱，当回报大于投入，哪怕只是一块钱的时候，相信您会非常开心，因为这是一个拐点，一个里程碑，不仅是创业成功的标志，更是心理的拐点，新自信的起点。

不要轻易创业

继续上面问题，啥是创业？创业是一个非常宽泛的概念，往大了说可以非常大，比如如何让中国人民站起来、富起来、强起来，如何实现中华民族的伟大复兴，是创业；往小了说，我们在任何一个平凡的工作岗位上，兢兢业业、恪尽职守干好工作，也是一种创业。这里要探讨的创业，仅仅指商业领域里的创业，创办一个工厂，创办一家公司，这是"创业者及创业搭档对他们拥有的资源或通过努力对能够拥有的资源进行优化整合，从而创造出更大经济或社会价值的过程。创业是一种需要创业者及其创业搭档组织经营管理、运用服务、技术、器物作业的思考、推理和判断的行为"[1]。

创业真的不容易。启程之前，首先要想清楚自己为什么要去创业，这是初心，非常重要，这也许是未来征程中的救命稻草和继续坚持的理由。为什么要创业？常见的可能有这几种情形：一是自己确实想有所创造，二是自己确实想当老板，三是就想一夜暴富，挣更多的钱，四是被各种创业神话洗脑，五是找不到合适工作被逼无奈等。这些都不奇怪，没有错。

问题是，创业是一个充满风险和苦难的过程。这是很多人的感受，尤其是在对自己的优势和创业方向没有正确把握的情况下，无经验，无人脉，无资金，无资源，创业就是个坑，甚至可能是一个深渊。

先看一组数据[2]。

据统计，在美国新创公司存活 10 年的比例为 4%。第一年以后有 40% 破产，5 年以内 80% 破产，活下来的 20% 在第二个 5 年中又有 80% 破产。哈佛商学院的研究发现，第一次创业的成功率是 23%，而已成功的企业家再次创业成功的比例是 34%[3]。

---

[1] 百度百科：创业定义。

[2] 关于创业成功失败的数据，网上说法甚多，口径不一，未找到官方权威发布。

[3] 经查，未找到该数据权威出处，大家广泛引用，说明大家认同，此处也姑且一用。

"36 氪快讯" 2022 年 6 月 17 日发过一篇文章《国内创业成功率仅 1%，却为什么受到年轻人如此追捧？》："据了解，2017 年以来国内的创业公司数量激增，但如果按照 IPO 作为创业公司成功的标志，那么目前中国创业公司的成功率也仅有 2%，甚至投资教父阎焱认为个人创业成功率只有 1%。"

中国政府门户网站 2005 年 12 月 16 日转发了新华网一篇文章，题目是：《全国 160 万人参加创业培训 创业成功率平均达 50%》，文章提到 1998 年以来，全国共组织 160 万人参加创业培训，培训后创业成功率平均达到 50%。

1% 至 2%，这数字吓死人，真是所谓的"九死一生"啊，创业的成功率如果是这个样子，那跟买彩票、赌博有多大区别？"按照 IPO 作为创业公司成功的标志"，这个标准真心是有点高了。我创个小业，能保住一家老小过上小康生活，已经很不错了。当然 50% 的成功率呢，可能是标准低了点。不管数据如何，从我身边的实践感受看，创业风险确实很大。从创业的具体过程来看，更是充满着不确定性和各种意想不到的挑战和艰辛。我有一个好老哥景素奇先生，本身就是知名猎头公司的老板，写了一本书：《老板是这样熬成的》，将创业的过程描写得相当生动、深刻，要成为一名老板，需要熬过四个层级十四关：第一关熬得住不赚钱，第二关熬得住赔钱，第三关熬得住别人都说你不是人，第四关熬得住自己都认为自己不是人……

不要陷入庞氏骗局

初心有了，也熬住了，但是如果方向错了，那将是一个更大的坑，越努力，越失败。笔者 2013 年至 2015 年在廊坊广阳区挂职区委副书记，参与了黄金佳案子有关处理工作。河北省廊坊市 2015 年 1 月 31 日发布消息称，涉及全国多个省市的黄金佳投资集团涉嫌非法集资案中，全国共有 36000 余人报案，报案金额达 53.9 亿元[①]。目前，包括黄金佳投资集团原负责人肖雪在内的主要犯罪嫌疑人已移送检察机关审查起诉。该集团董事长很年轻，曾先后获得"和谐中国最具社会责任感杰出巾帼""中国品牌建设十大杰出企业家""廊坊市十大杰出创业青年""廊坊市职工劳动模范""廊坊市社科先进工作者"等荣誉称号。

2023 年 8 月，我的一个退休的老领导找我，让我无论如何帮帮忙。一了解才知道，攒了一辈子的养老钱，被忽悠买理财产品了，结果爆雷，又是庞氏骗局！10 多年前，我一个亲戚，花了几十万元买理财产品，结果爆雷，

①https://www.sohu.com/a/874166_115402.

还是庞氏骗局！也是 10 多年前，我一个小学同学突然消失了，老家人说是出去躲债了，因为参与了非法集资，其实依旧是庞氏骗局！

啥是庞氏骗局？

《潇湘晨报》曾经转发过一篇文章，题目是《美国史上最大投资诈骗案！庞氏骗局策划者伯尼·麦道夫在狱中去世，曾被判服刑 150 年，文章说：

美国 CNBC 指出，麦道夫策划了美国历史上最大的投资诈骗案，从数万名受害者手中骗取了 650 亿美元。他于 2009 年认罪，被判服刑 150 年。

庞氏骗局，是对金融领域投资诈骗的称呼，是金字塔骗局（Pyramid scheme）的始祖。

在中国庞氏骗局又称"拆东墙补西墙"或"空手套白狼"。简言之就是利用新投资人的钱来向老投资者支付利息和短期回报，以制造赚钱的假象，进而骗取更多的投资。很多非法的传销集团就是用这一招聚敛钱财的。

这种骗术是一个名叫查尔斯·庞兹的投机商人"发明"的。查尔斯·庞兹（Charles Ponzi）是一位生活在 19、20 世纪的意大利裔投机商，1903 年移民到美国。

1919 年他开始策划一个阴谋，骗子们向一个事实上子虚乌有的企业投资，许诺投资者将在 3 个月内得到 40% 的利润回报，然后，狡猾的庞兹把新投资者的钱作为快速盈利付给最初投资的人，以诱使更多的人上当。由于前期投资的人回报丰厚，庞兹成功地在 7 个月内吸引了 30000 名投资者。

这场阴谋持续了一年之久，才让被利益冲昏头脑的人们清醒过来，后人称之为"庞氏骗局"。

说创业呢，怎么扯到庞氏骗局上了呢？因为现在人心普遍浮躁，都想一夜暴富，创业者更需避开庞氏骗局和类似的雷，想想这些人也都是创业啊，可惜是恶业，害了多少人。我们创业必须方向正，能量正，要真正创造价值，不要老想着剥削别人、割谁的韭菜。

2023 年中秋国庆放假前夕，有一个热点资讯，成为各大媒体平台的热门。话题其中《证券时报》9 月 29 日报道的题目是《太突然！ 38 岁大 V 基金经理突传噩耗，私募产品紧急清盘！曾号称"中国巴菲特"，10 年收益近百倍？》[①]：名为善祥基金行政服务部的人提示：善祥基金董事长关善祥已逝世。请投资者尽快登录"善祥基金"公众号，签署《善祥基金清算协议》，公司基金产品将进入清算流程。主角：关善祥；年龄：38 岁；经历：大 V 基金经理，有著作《传世投资》；事件：主要投资品种为地产股，巨亏，关善祥逝世。有关评价：如果他一

---

①证券时报 2023-09-29 16:10,https://baijiahao.baidu.com/s?id=1778359076652125269&wfr=spider&for=pc.

直埋头默默做一个散户，独自芬芳，不去开私募，大概现在依然会过得不错。但也有人骂他是价值投资的骗子。

无独有偶。2023 年 10 月 4 日，名为"投资博弈论坛"发表了一篇文章《知名基金经理葛兰卸任，10 年亏了 234 亿！却收了 33 亿的管理费》[1]，文中有下面一段话：

9 月 28 日，中欧基金的基金经理葛兰卸任了，10 年来投资者亏损累计近 234 亿！却收取了近 33 亿的管理费！

多么巨大的一个数字，有多少家庭，上班族辛苦劳作的工资积蓄一切付诸东流。

有人担心基金经理金蝉脱壳，烂摊子甩给下一任，新官不理旧账；有人担心明星基金经理不在，大规模赎回，引发亏损加剧！

葛兰曾经被称为"医药女神"，获得过一次基金金牛奖，两次基金明星奖，被评为致敬公募 25 周年评选基金行业功勋人物。

然而，所有的成就都是老天给的行情。当潮水退去时，基金经理和散户没有多大的差别。行情加一点运气再加一点胆量等于成功，而不是自己有多牛。

巨额亏损的基金经理卸任跑路了，葛兰卸任了中欧

---

[1] https://mp.weixin.qq.com/s/BHTMojy2RoPuI5zzQEImTg.

研究精选和中欧阿尔法，蔡嵩松则是所有管理产品全部卸任，这些人反正是已经财富自由了，几百亿的规模，光是这几年赚的管理费都几辈子花不完了！

可怜的还是那些买了他们产品的基民们，这些产品往往亏损都达到50%以上，钱亏没了基金经理可以拍拍屁股跑路，基民的血汗钱那可是实打实的血本无归啊！网友调侃得好，买了他们的基金亏了这么多套了这么久，咱都还没跑基金经理先跑了，找谁说理去。

这也是一种创业。

这值得深思。更需警醒。

另外一个，要防止掉到诈骗的深坑中，不要把参与诈骗当创业、当事业。

要做真正的领导者

说到领导二字，多数人首先想到的是体制内当官的，人生阅历多一点的朋友可能还会想到1988年中央电视台春节联欢晚会上牛群和李立山相声《巧立名目》中的经典台词："领导，冒号。"这可能是我们传统官本位思想的不自觉浮现吧。

关于领导，前文已经多处提及了，在这里从另外的角度再多聊一些。当好领导，谈何容易，真不是我们想象的那么简单，当然也有反面的，容易的，比如政治麻木，办事糊涂，这是昏官；饱食终日、无所用心，这是懒官；推诿扯皮、不思进取，这是庸官；以权谋私、蜕化变质，这是贪官。

领导既是个名词，指领导者，也是个动词，指领导行为过程。领导者和领导行为，不是体制内的专利，体制外也处处可见，可以说，只要有人、有事业的地方就有领导和领导行为。

我在中央机关工作了20年，见过无数大大小小的领导者，见过无数奇奇怪怪的领导行为，真正让人佩服的，说实话不是很多。离开体制融入社会之后，才真正认识到"高手在民间"，认识到成功的创业者才是一个真正的领导者。

首先，创业者需要领导方向。所谓领导，即领之、导之。领什么？引领方向。一是要引领未来。创业是一个相信未来、把握未来进而能化远为近、化虚为实的过程，需要极强的前瞻思维。二是要引领赛道。要对市场对行业有深入分析理解，对自身比较优势有正确判断，在此基础上方能选准赛道，设置比较务实的经营愿景、目标，而且还要善于创新，做出自身创新特点。三是引领成功。领导者要对其权力来源负责。体制内领导者的权力从根本上说来源于人民的赋予，现实直接的来源是上级领导者，所以他们的行为会更多地对上级负责。所以就不难理解各种溜须拍马、欺上瞒下、政绩工程、形象工程等等各色表演了。创业中的领导者，其权力来源于市场和个人禀赋，而市场是流动的、瞬息万变的，会用脚投票，下属和员工也是自由的流动的、直接趋利避害的，也会用脚投票，所以创业者必须对成败负责，他没有上级可言，只有苍茫的市场之大海。此刻，我不自觉地想到了我们小时候学习的高尔基《海燕》："在苍茫的大海上，狂风卷集着乌云。在乌云和大海之间，海燕像黑色的闪电，在高傲地飞翔。"挑战可想而知。此处，"高傲"两个字很鼓舞人心，创业者成功了，自不必说要高傲，即使失败了，也不失高傲之精神。

其次，创业者需要领导资源。对创业者来说，有三方面资源必不可少，需要认真对待：一是要学会领导投资人。用创业故事、创业方向、美好未来以及自身优势打动投资人，引领之，引导之。不仅要善用其资本，还要善借其力解决发展过程中遇到的各种重大问题。二是要领导好团队。既要善于拿理想信念鼓动团队，又要善用各种目标管理工具激励团队，更要导之以正确的工作方法，帮助团队提升战斗力。还要知道底线，保证大家时时有真金白银到手，记住，没有人会为了别人的老板梦而努力奋斗。再有就是要堵塞漏洞，防治蛀虫。事业做大了，公司赚钱了，自然会有坏人出现，监守自盗，挖墙脚，甚至挖地基。三是要开拓维护渠道。公司能够生存，依赖于其能提供有价值的产品和服务。但是好酒也怕巷子深。渠道，尤其是营销渠道至关重要，尤其是做2B业务的。所以，当老板必须学会应酬，善于人际交往，与各色人等打交道，尤其是业务刚起步，公司规模不大不小的时候。当然，公司将来成了巨无霸，自然可以请职业经理人来做相关的事情。但有些事情，别人是不可替代的。前文说过，大了就是政治。老板不出面能行吗？

第三，创业者需要领导自己。给客体、给别人定方向、导方法、强管理就已经够难了，别急，还有更难的，那就是把这一套流程用在自己身上。这和"批评与自我批评""表扬与自我表扬"有异曲同工之妙。如果说在体制内，这一关还有可能通过演戏走流程躲得过去，那么作为创业者是躲不过去的，如果真躲过去了，只能是自欺欺人，自我就无法实现成长，就不可能取得创业成功。想一想，如果连自己都不信，没有自信，何以能让他人相信？自己不能自律做表率，何以能营造健康工作氛围、带好团队？而面对这些，你是老板，没有人会提醒你、要求你，"寡人"是孤独的，只能靠自律，自我加压，自我成就。想一想，那么多兄弟等着和你一起发财，那么多员工等着你给发工资养家糊口，能不焦虑吗？加油吧！老板。

好了，前面说的好像都是对创业泼的冷水，但行动之前的清醒是必要的。如果真下决心要起步了，首要的是要多学习多借鉴，这里顺便给大家推荐一本书：《从零开始学创业大全集》，阳飞扬编著，中国华侨出版社出版。该书内容还是很实在实用的，正如书的封皮上写的："手把手帮助创业新手实现创业梦想的实战宝典"，其开篇就是：

导致创业失败的 10 个误区：

误区 1：进入自己不熟悉的行业，没有充分调查就行动。

误区 2：用错误的方式管理合伙人，缺乏管理合伙人的智慧。

误区 3：重情义，轻管理。

误区 4：缺乏诚信与商业道德。

误区 5：贪大求全，赌性代替了实干精神。

误区 6：急于求成，缺少战略思维。

误区 7：忽视与投资相关的环境。

误区 8：错误的时间做正确的事。

误区 9：唯利润是求而忽略创新。

误区 10：花钱不合理，没有坚持"现金为王"。

该书从创业准备、创业团队、捕捉商机、商业模式、商业计划书、融资、日常经营等七个大方面做了详细介绍，对创业者具有参考价值。

关于创业再多啰唆一句：成功可以复制，但不能粘贴。

创业者要亲自经历属于自己的磨炼方能成长成功。

有很多成功的企业家，他们也讲过很多精彩的话。我印象比较深的是曹德旺先生这段话，与创业者共勉：

回首过去，曾经的故事，历历在目，有如一幅幅的电影胶片，定格在我的人生舞台，精彩而富有哲理。通过认真总结回顾，我发现，中外虽有文化差异，但在创业路上的方法却大同小异。每一个成功的企业家，追求的都是一种奉献精神与境界，他浑身充满异样力量，他是市场经济的代表性人物。为此，他首先是一位创业者，凭其高度负责的精神，充满前瞻的智慧与胆识，借助市场各方的力量，凭借个人人格魅力创业。以市场需求为导向的持续创新，换取良好的效益与可持续发展的力量，同时能本着共享的精神关注企业身边的社会之和谐发展。在创业的路上，自1983年承包工厂开始，我始终以企业家自勉，并认为企业家的责任，是应始终坚持下面三个信念：

国家会因为有您而强大。

社会会因为有您而进步。

人民会因为有您而富足。

虽然这三句话看着有点大，但我却始终作为人生价值观的灯塔来树立。①

---

① 曹德旺：《心若菩提（增订本）》，第388页，人民出版社。

第十章　踏好节奏，勇毅前行

音乐是美好的。《礼记·乐记》："乐也者，情之不可变者也"，因为那展现的是心声、是灵性的共鸣，那也许是喝过孟婆汤后残存的一点记忆，也许是造物者留给我们的一缕通往来处的光明。

我们自古就是"礼乐之邦"。何谓礼乐？《礼记》中说得好："乐者，天地之和也；礼者，天地之序也。和故百物皆化，序故群物皆别。"重视礼乐是自先秦以来3000多年传统文化的基本特征，是中国传统文化的核心价值之一。在中华文化传统中，小到一家、大到一国，都是按照"礼乐"的原则建立起来的。从国家典制到服饰、建筑、言谈举止等，都体现了礼乐精神。周朝就制定了礼乐制度，王室及贵族子弟从13岁开始，要逐渐学习掌握各种礼仪乐舞，20岁左右要全面掌握《六代舞》和《六小舞》。在贵族阶层，乐舞修养是生活的一部分。《六代舞》的实施，是要达到治国安民的目的，通过乐舞促使人们完善内在修养，并自觉遵守社会秩序，进而达到整个社会安定。孔子更是以礼乐治国的积极倡导者，当年他来到齐国，遇到了一个名叫舜的乐师，在听到了乐师表演的"韶"乐后，发出了三月不知肉味的感慨。

礼乐文明在数千年的中华文明发展史上产生了重大而深远的影响。我们的《诗经》，我们的汉赋，我们的唐诗，我们的宋词，还有更直接点的《高山流水》《十面埋伏》《广陵散》等等，甚至书法的甲（甲骨文）、金（金文）、篆（篆书）、隶（隶书）、楷（楷书）、草（草书）、行（行书），字里行间、线条流动之间，无不展现着音乐的美感。

这些都已经融入我们的血液中。所以我们常常感慨：人生如歌。所以，庄子有"击缶而歌"，刘邦有《大风歌》，陈子昂有《登幽州台歌》……

人生如歌，乐乃心声，好不好听，动不动人，关键靠自己，因为我们既是创作者，也是演奏者、演唱者和听众，是写给自己看，唱给自己听，不为讨好别人，更不能糊弄自己。

如何创作好这首人生之歌，一是要追求积极向上的精神，要有"天行健，君子以自强不息"的阳刚之气，自己给自己加油鼓劲呐喊，天天唱衰自己，那是傻子。这是心之声最重要的旋律。二是要找准节奏，节奏是音乐的骨骼和根本，无节奏不成音乐，生不成韵律美。歌唱时，跟得上节奏、踏得准节拍才能唱得精彩。不同的人生阶段、人生境遇有着不同的节奏，可能时而欢快，时而低沉，时而高亢有力，时而缠绵悱恻。不要在不知不觉中，被外在、被他人甚至别有用心的人带了节奏，偏了方向，那样就可能会七零八落、一地鸡毛，乱糟糟的人生，连一点苍凉的美感都没有了，岂不可惜？更糟糕的是，人生之歌，无法改写，只有一次。但无论如何，都得唱下去，坚持唱下去，也是精彩，这就是勇毅的精神，没错，就是勇毅前行。

职场是人生最重要组成部分。其节奏直接影响了人生之歌。想想，大学毕业前的所有努力，更多的是在为职场做准备，20多岁参加工作，到60多岁退休，人生最美好的岁月都在职场中度过。

2001年，我的一个领导给我说了一个顺口溜，我印象非常深刻。领导说：漫漫人生路，关键就几步，平时要努力，机遇要抓住。这就是节奏。关键是哪几步呢？第一是考大学，考个什么样的大学非常重要，这也是一个人奋斗精神、情商、智商的集中反映。是否能考上一个好大学，将来敲门砖的含金量是不一样的，而且未来的朋友圈、同学人脉资源的含金量是不一样的。第二，是找的第一份工作，一张白纸，什么画风，什么底色，会影响深远。第三，是找一个好妻子（好丈夫），关系到生活，关系到后院，也关系到你努力的意义。第四，是职务晋升，比如你未来一两年可能有晋升机会，那么当下应当如何准备？总之，这些点位、节奏很重要，很关键，所以平时要多努力，心里有所准备。

这是我第一次感受到把握人生职场节奏的重要性。

梁启超在《志三代宗教礼学》中说："礼也者，人类一切行为之规范也。"由此，我们也可以说前文中阐述的"6+6+6"能力素质模型就是礼，是如何融入社会，如何在体制内外职场驰骋之礼，那么我们就要思考与礼相连的乐是什么：一是生之节奏，一是心之强音。

以本人48年人生经历和26年体制内外职场经验来看，建议在流动的人生、流动的职场之中，共同思考和把握以下四个节奏，修炼"四心"：一是认识兴衰成败、宇宙变迁之节奏，修炼金刚之心；二是认识当下以人工智能发展为代表的工业革命，社会变迁之节奏，修炼敏锐之心；三是认识中年危中有机，任务变迁之节奏，修炼担当之心；四是认识人老秋风起兮，生命变迁之节奏，修炼智慧之心。

逃不掉的成住坏空，修炼金刚之心

长期以来，我们形成了外来和尚会念经的不自信心态，当然也可能是因为受不敢轻言佛啊、道啊等带有神秘色彩东西的氛围影响，所以言必称西方，言必称科学。这真是缺乏文化自信的表现。科学精神愈张扬，科学技术愈发达，越证明我们的传统文化有生命力，越证明我们文化儒释道三大源流之神奇、智慧、精彩。虽如此，此处还是先引用一段西洋的言论吧。

"长期以来，正念在各种宗教和精神实践中，一直是一个传统的东西，可是新的研究发现它也具有良好的科学支持力。正念是我们随时都能用到的一种技能。"①这是英国 DK 出版社出版的《自我管理之书》中的观点。其实这个观点我们都有体会。

宋朝大诗人陆游有一首诗《道院偶述》："景德祥符草野臣，登封曾望属车尘。已经成住坏空劫，犹是东西南北人！"还有，汉代《古诗十九首》经典名句："生年不满百，常怀千岁忧。"这就是人的奇特之处，总爱终极关怀，总有终极之问。

世界有成、住、坏、空，人生有生、老、病、死，体制外职场有入职、工作、不爽、离职，体制内职场有入职、工作、晋升（或躺平）、退休。毫无差别。这是大节奏，是永恒的节奏，我们改变不了。一旦我们明白了，我们就知道该如何应对了。

心要恒定。要有一颗恒定的心。成住坏空，是个循环。生老病死也是个循环（只不过还有人不相信轮回，不信没关系，它就在那儿）。既然是循环，何必过于焦虑呢？焦虑它就不循环了？道法自然。有了恒定，逻辑上就能够做到"不以物喜，不以己悲"，就能够忍受世间一切

___

① 魏思遥译，《自我管理之书》，第 68 页，中国工信出版社、电子工业出版社。

不快。

大家一定听说过唐代高僧寒山、拾得的大名。二位高人，行迹怪诞，言语非常，相传是文殊菩萨与普贤菩萨的化身。清朝雍正十一年（1733），雍正帝下诏封寒山大士为和圣，拾得大士为合圣，寒山、拾得和合二仙的身份由官方确认。在此，我们重温一下他们流传最广泛的一段对话，一定会受到启发。

昔日寒山问拾得曰："世间有人谤我、欺我、辱我、笑我、轻我、贱我、恶我、骗我，如何处置乎？"

拾得曰："只是忍他、让他、由他、避他、耐他、敬他、不要理他，再待几年，你且看他。"

寒山云："还有甚诀，可以躲得？"

拾得云："我曾看过弥勒菩萨偈，你现听我念偈曰：

老拙穿衲袄，淡饭腹中饱；

补破好遮寒，万事随缘了，

有人骂老拙，老拙只说好；

有人打老拙，老拙自睡倒。

涕唾在面上，随他自干了；

我也省力气，他也无烦恼。

这样波罗蜜，便是妙中宝；

若知这消息，何愁道不了。

人弱心不弱，人贫道不贫；

一心要修行，常在道中办。
世人爱荣华，我却不待见；
名利总成空，贪心无足厌。
堆金积如山，难买无常限；
子贡他能言，周公有神算。
孔明大智谋，樊哙救主难；
韩信功劳大，临死只一剑。
古今多少人，哪个活几千；
这个逞英雄，那个做好汉。
看看两鬓白，年年容颜变；
日夜如穿梭，光阴似射箭。
不久病来侵，低头暗嗟叹；
自想少年时，不把修行办。
得病想回头，阎王无转限；
三寸气断后，哪只哪个办。
也不论是非，也不把家办；
也不争人我，也不做好汉。
骂着也不信，问着如哑汉；
打着也不理，推着浑身转。
也不怕人笑，也不做人面；
儿女哭啼啼，再也不得见。
好个争名利，须把荒郊伴；
我看世上人，都是粗扯淡。

　　劝君即回头，单把修行干；

　　做个大丈夫，一刀截两断。

　　跳出红火坑，做个清凉汉；

　　悟得真常理，日月为邻伴。"

　　心要随定。金刚钻儿再坚硬，也必须在具体的一个点上着力，才能发挥威力。心力同样重要，要在每个重要节点上定得住，方可聚神发力。对职场上的我们而言，不同阶段，着力点也要有差别，比如刚入职的时候，也就是"成"的阶段，要在提高适应能力上下功夫，尽快了解新单位、新公司的业务、架构、历史、人情世故甚至潜规则等等，所以要多查阅资料，多留心观察，多和同事请教、交流。过了试用期之后，也就是"住"的阶段，就要在提升业务能力上下功夫，做好业务是本分，也是看家本领，也是赢得江湖地位的根本，有些人光想着靠裙带关系，这看起来很美好，说起来却不好听，而且这玩意儿不具有流动性，换家公司、换个单位，就玩完了。工作一段时间后，如果升职当领导了，就要在胜任能力上下功夫，要学习研究如何做领导，领导是个专业，有的人虽然在领导岗位上，但往往啥也不是，有的道德品质还成问题，我们不能拿这样的做标杆。我们当领导，就要当好，有个当领导的样子，让公司、单位满意，让上级满意，让平级满意，还更要让下级满意。其实这"四个满意"，就是当好领导需要深入学习研究的重大课题。当然，我们不可能永远在一个单位、一个公司顺风顺水工作一辈子，尤其是体制外，想法很好，但多数情况下事不由人，要么会遇到被公司优化的风险，要么会遇到另谋高就的诱惑，这就是"坏"的阶段，要在提升跃升能力上下功夫，早做准备，随时都有转身的能力，不能做温水中的青蛙。那么"空"，仅仅就是新的成就之前的短暂休息。当然，比照下《心经》，空既是成、住、坏之后的一个阶段，同时也是贯穿于成、住、坏每个阶段的幽灵，所谓成即是空，空即是成，成不异空，空不异成，其他，亦复如是。所以，空是一种心态，一种超然，是高瞻远瞩。

心要坚定。中国人最熟悉《易经》。"古者包牺氏之王天下也，仰则观象于天，俯则观法于地，观鸟兽之文与地之宜，近取诸身，远取诸物，于是始作八卦，以通神明之德，以类万物之情。"[①]"易有太极，是生两仪，两仪生四象，四象生八卦"。之后，周文王将八卦推演成六十四卦，孔子为六十四卦作了注释即十翼。包牺氏，就是我们熟悉而又遥远的先祖伏羲氏，他为什么要创立八卦？系辞说得很明白："以通神明之德，以类万物之情"。这体现了一种根本的精神，也是《易经》的精神，那就

---

① 《系辞下》第二章。

是积极主动，就是人的主观能动性，就是乾卦的基本精神："天行健，君子以自强不息。"这一条就是中国人精神的内核。有了这一条，再加上《易经》的高级辩证法，中国人始终是乐观的、健康的、积极向上的，能够应对各种情况。当我们事业如日中天、登峰造极的时候，就会想到乾卦的上九爻："亢龙有悔"，所以要低调些，多做些将来走下神坛的准备；当我们面对至暗时刻的时候，心中也会想到《易经》中的一句话"否极泰来"，于是耐心等待，奋力坚强，"君子以俭德避难"，这成了一种信念。六十四卦是什么？简单说就是六十四种可能的情况，是摆在我们面前供趋吉避凶做选择的六十四种方案。选择的最重要标准就是：君子之道，自强不息，而不是坐等天上掉馅饼，或者坐以待毙，坐等"皇帝轮流做，明年到我家"。所以，在职场中，无论遇到什么样的情况，都要有健康、阳光的心态，遇到友善者，我们相辅相成，遇到不善者，我们要能想到一个词儿：相反相成。

这里，我想到了华东师范大学校长、中国工程院院士钱旭红教授于 2023 年 9 月 13 日在华东师范大学 2023 级新生开学典礼上的致辞，钱教授说，要懂点"老子思维"与"量子思维"，"'量子思维'告诉我们，世界是一个整体，每个人都是世界上独一无二、必不可少的存在，尽管每个人都是'多态叠加'的，大家会有各种各样的状态、身份和境遇，但每个人都同等重要、不可替代。因此，同学们，如在校园遇到困难或者失败，请永远不要气馁，这里是锻炼你今后进入社会提升抗风险能力的安全港湾。"^①巧的是，就在此前一个月，有一则新闻冲上热搜：2023 年 8 月 14 日，加拿大渥太华大学和意大利罗马大学研究人员在《自然光子学（Nature Photonics）》上发表了一篇论文，详细描述了一次关于量子纠缠的实验，并在研究论文中指出，量子纠缠的图像形状为太极阴阳构图。

工业革命必须逆行，修炼敏锐之心

有时候，我们很羡慕古代社会，节奏缓慢，且变化不大，人们容易踏准点儿，不用疲于奔命。那个时候，读几本经典著作，就可以一辈子管用，所以人们有更多的时间享受生活、探究生命本身的意义和价值。但近两三百年以来，科学技术突飞猛进的发展，社会结构的快速迭代，对国家社会来说灰犀牛、黑天鹅是大事儿，对个人来说岂不更是如此。有一句流传广泛很经典的话：时代的一粒尘埃，落在每个人身上，就是一座山。每个个体在时代的洪流中被裹挟着，身不由己。我们感受到

①华东师范大学官方澎湃号。https://www.thepaper.cn/newsDetail_forward_24599135。

了压力，感受到了时代的"推背感"、压迫感。如何应对，确实是一个大的问题。但我们要坚信一点，生产力无论如何发展，人总是要活下去的，人永远在物之上，问题一旦成为普遍性问题，就会成为政治问题。作为个体的职场人而言，我觉得以下三点可能是需要主动调整和主动作为的。

欢迎革命。这里不讨论社会革命，只讨论工业革命。18世纪60年代到19世纪中期，第一次工业革命，以蒸汽机的发明及运用为标志，人类开始进入蒸汽时代。19世纪下半叶到20世纪初，第二次工业革命，电力在生产和生活中的广泛应用，人类开始进入电气时代。20世纪后半期，生物科技与产业革命，被称为第三次工业革命。21世纪，第四次工业革命，是以人工智能、清洁能源、量子信息技术、可控核聚变、虚拟现实以及生物技术为主的技术革命。每一次工业革命，都是人类发展史上的一个重要阶段，创造了巨大生产力，使经济、政治和社会面貌发生了翻天覆地的变化。自然不用说，伴随着工业革命，旧产业、旧职业不断消亡，新产业、新职业不断诞生。这个趋势，这个节奏，不以个人意志为转移。虽然每次工业革命也带来了诸多负面因素，给人们造成了不少痛苦，但这是规律，是看不见的上帝之手，我们只有以阳光心态欢迎它，信任它，主动拥抱它。

见微知著。我们都熟悉一句话："风起于青萍之末，浪成于微澜之间。"此话最早的出处是先秦宋玉的《风赋》，其中有句："夫风生于地，起于青萍之末。侵淫溪谷，盛怒于土囊之口。缘太山之阿，舞于松柏之下，飘忽溯滂，激飏熛怒。"意思是风产生于地上，开始时先在青萍草头上轻轻飞旋，最后会成为劲猛彪悍的大风。后来喻指大影响、大思潮、大事情往往源发于微细之处。

现代社会，生产力快速发展，快速迭代成了生活的重要旋律。所以作为职场中的个体，必须主动感知变化，顺应趋势，跟得上，不掉队，尤其要抓住风口，逆风而上，风筝才能起飞。比如，中国近 20 年来互联网的快速发展，带来了多少商机啊！电商、微商、短视频直播带货，造就了多少富翁，如果能够主动识别机会、抓住机会，取得成功的机会就会更大些。

近年来人工智能的快速发展，给就业带来了巨大影响，一些重复性、低技能的工作岗位会被淘汰，高技能、高知识、高智能的工作岗位需求会增加。特别是 2022 年 11 月 ChatGPT 的发布，更是掀起了各种类型的 AI 大模型训练的热潮，还有我们的 DEEPSEEK，我们的豆包，等等，异军突起、日新月异，现实中确实有不少工作岗位开始被机器替代了，这些岗位原先技术含量还是比较高的。如何应对，如何找出其中的机遇，值得深思。

网上有位名为"合鸟庵"的作者，他讲得比较贴切："保持敏锐的洞察力，不要做职场中的'山顶洞人'。

感知物联，敏捷反应，洞察数据，以智驭行。见远，行更远。这里不是叫各位打听八卦的小道消息，而是要各位读者朋友，保持对自己所在行业、产业有足够敏锐的洞察力。利用空闲时间，多关注自己所处的行业产业动态，结合经验判断行业产业的新走向，及时掌握时事信息，有利于你及时作出应对和调整。闭门造车，只会让你故步自封，在小圈子里缓慢地生长和发展。因此，请打开信息窗口，把自己放置在一个更大的潮流当中，去成长，去精进。"

借势奋发。有这样一句话广为流传："站在风口上，猪都能起飞。"一方面反映了一些人对借风起飞成功者的羡慕，当然也有嫉妒恨的味道；一方面也确实说明了一个真理，必须顺势而为，借势而起。难道要背道而驰吗？作为职场人，选择很重要，是选择朝阳产业，还是选择夕阳产业？答案简单明了，再笃定不过了。那么我们再深究一下呢？夕阳产业难道就没机会了吗？把朝阳技术如互联网、人工智能用来改造传统产业就是机会。我们要细思明辨，找到风口，奋发作为。

告别狗血中年危机，修炼担当之心

前面在讲内卷的时候，有个调查报告，其中有句话："小于35岁是'人力资源'，大于35岁是'人力成本'。"大家可能还有印象。说到人到中年，再看一个智联招聘发布的《2019 职场人年中盘点报告》。《报告》显示，58.5% 的职场人都感受到了中年危机，随着工作年限增长，职场人士对中年危机的感受与日俱增。70 后中感受到中年危机的比例最大，占据了 89.8%；81.6% 的 80 后也表示遭遇到了中年危机；第一批 90 后也将 30 岁，51.4% 的 90 后感受到中年危机来袭。[①]

形容中年危机的词汇很多，这些年"狗血中年"的表述很流行，还有一本小说就叫《狗血的中年》。啥是狗血？一是字面意思，真的是狗血，二是指胡扯，夸张，不可思议。还有个流行词，叫狗血剧，就是电视剧中被不断翻拍模仿的剧情，来形容那些经常出现的类似剧情，拙劣的模仿，或很夸张很假的表演，或指已经被烂熟于心的恶俗剧情。现今，通常称"过度的、特意的"煽情表演和剧情为狗血。

中年生活，真的是狗血，是狗血剧吗？

还有，为什么用"狗"呢？

先看看《史记·孔子世家》里的一段精彩故事，关于孔老夫子是如何被称为丧家之狗的："孔子适郑，与弟子相失，孔子独立东郭门。郑人或谓子贡曰：'东门有人，其颡似尧，其项类皋陶，其肩类子产，然自腰以

---

① 《中国经济周刊》记者王红茹《2019 职场调查：65% 的人叹"就业难"，58% 的人遇"中年危机"，还有 45% 的人在 996》。https://baijiahao.baidu.com/s?id=1637478549577042431&wfr=spider&for=pc.

下不及禹三寸，累累若丧家之狗。'子贡以实告孔子。孔子欣然笑曰：'形状，未也。而谓似丧家之狗，然哉！然哉！'"

好一个"然哉！然哉！"我辈难道还不能接受？

再看看南怀瑾老师讲过的一个精彩故事：

有一个人死后去见阎王，阎王一查他上辈子做得还不错，还可以投胎做人，但是寿命只有二十年。这个人一听就向阎王讲："拜托我不去了，你叫我去投胎做人，才刚长大，在二十几的黄金时代就要死了，这有什么味道呢？无论如何求你老人家给我加点寿元。"阎王说："我没办法，帮不上忙。"但是这个人拼命地要求，阎王很讨厌而且公事又忙，就讲："你吵什么呀！啰唆！你在旁边等着，看有哪一个不要命的再把他的分一些给你吧！最后有一个家伙一来，阎王一查说：你不行啊！你很坏！你要投胎做马二十年。那个人一想做马那么苦，因此摇头说：固然我已经错了，但求你老人家给我减一点吧！阎王说："不行啊！这个我做不了主。"但是他拼命要求，阎王一看说："你觉得寿命太长，他觉得寿命太短，你俩私底下商量，跟我没有关系。"

要做马的跟那人商量："老兄我把十年马的寿命给你，我去做十年马，你去做十年蛮好的！"这个人已经有三十年的寿命了，还站在那里等。

等一下有一个人来，阎王一翻簿子说："你这个人坏极了，要做牛二十年，最后还要被绞成碎肉包饺子。"这个人一听说道：我懊悔啊！能不能让我少做十年牛。阎王说："你去找那个人商量看看。"这个牛说："老兄我给你十年，我做十年牛。"这个人已经有四十多年的寿命了。阎王说："你可以走了。"这个人说："我做人四十几才到中年就要死掉，我在这里不妨害你办公，让我多等一下，看有没有不要命的再给我来一点。"

又有一个来了，阎王一看："不行！你坏得很，变狗二十年。"做狗的也要求分十年给他。最后来了一个，阎王一看：这个人爱动脑筋、心思多，但没有大好也没有大坏，变猴子二十年到山上吃果子去！这个猴子想想也不好玩，也要求分了十年给他。阎王说："你已经有花甲大寿了，可以滚蛋了！"于是就把他给赶走了。

所以，我们真正做人二十年，后来结婚是做马的阶段，给人骑在上面拿鞭子赶；三十到四十岁，孩子生了一堆是做牛的阶段；四十到五十岁，儿女长大了变成给儿女看门，是做狗的阶段。到了五十到六十岁时，连看门都不要你，只好在公园晒晒太阳、抓抓痒，就是做猴子的阶段。

南怀瑾老师真乃大师也。20世纪90年代上大学时读《论语别裁》，就被其深深吸引。后来学习《南怀瑾选集》，更是感受到美妙玄幻，感受到中华文明之伟大。上面这个小故事，很生动，嘻嘻哈哈之间就把人生看透了。

故事讲完了，回到当下。现代社会，要小孩都晚，你四五十岁的时候，小孩还是小孩，还没工作，你还得操心。现今的狗多享受啊！尤其是现在的宠物狗，老年看门的老狗。所以，我们人到中年，简直比狗还惨，生活比狗血剧还狗血。有人形容："中年是个卖笑的年龄，既要讨得老人的欢心，也要做好儿女的榜样，还要时刻关注老婆的脸色，不停迎合领导的心思。""人到中年的男人，时常会觉得孤独，因为他一睁开眼睛，周围都是要依靠他的人，却没有他可以依靠的人。他们上面有年迈的父母，下面有嗷嗷待哺的孩子，中间有依靠着自己的妻子，而自己却没人能靠，什么事情都只能自己来扛。"

前面提到的北京发布的幸福指数报告，进一步显示中年人的状态：幸福感最低。以年龄段划分，北京市居民幸福感呈明显的"U"字形。最年轻的18岁至25岁年龄组和最老的66岁至70岁两个年龄组的"幸福分值"最高，分别为79.8和82分；而年龄在36岁至45岁和46岁至55岁的"中流砥柱"阶层"幸福感"在所有人中最低，分别为77.5分和77.9分。北京市统计局新闻发言人于秀琴认为，这一年龄段正是社会、单位、家庭的中坚力量，面临就医、养老、抚养孩子照顾家庭、发展事业等多个方面的压力，后顾之忧较多。另外，下岗、失业人员也主要集中在这些年龄段，所以这些年龄段的人是"最不幸福"的。

德云社周九良和张鹤伦相声，有句词儿：面无颜，兜无钱，人到中年可怜可怜。40岁是个心理年龄，是个分水岭。孔子老人家说：四十不惑。复旦大学"哲学王子"王德峰老师说：人到40岁，还不信命，那只能说明此人悟性太差。我曾经和同事开玩笑说：四十不惑，一种是通透了，确实没有困惑了，另一种是累了，懒得困惑了。

这就是我们的任务，一生中最难度集中、分量集中而又必须完成的任务。

如何来扛？首先在观念上要坚信一点，越是艰难的时候，越是修行的最佳时机。《维摩诘经》说："譬如高原陆地不生莲华，卑湿淤泥，乃生此华"，"一切烦恼，为如来种，譬如不下巨海，不能得无价珠宝；如是不入烦恼大海，则不能得一切智宝"。铁人王进喜说："井无压力不出油，人无压力轻飘飘。"觉得难了，证明你在积极向上，在爬坡，在升华。不然，就是下坡，下坡容易啊，一出溜，完事儿。该如何办呢？具体答案，无法穷尽，以下三点可能有一定的思考价值。

义不容辞。人到中年，是角色最多的时候，但角色就是责任，就是义务。在家庭里，对上是子女，对子女是父母，对妻子是丈夫，对丈夫是妻子，对单位是员工，对领导是下属，对下属是领导。无论哪个角色都很重要，无论哪个角色演不好，就会出大问题。所谓义不容辞的"义"，一是义务，更多的是法律的规定，要为家庭挣票子，买房子。二是道义，该成语最早出自唐·岑文本《唐故特进尚书右仆射上柱国虞恭公温公碑》"夫显微阐幽，义不容辞"，我们承担的各个角色中都有道义在，是服务社会、奉献社会，也是体会亲情友情同事情。三是真义，人生本来的意义。如叶圣陶在《苦菜》中说："劳动是人生的真义，从此可得精神的真实的愉快，那片空地便是我新生活的泉源。"我们老祖宗孔老夫子讲"三十而立，四十不惑，五十知天命"，在中年的苦行中去修"立"，修"不惑"，修"天命"。这本就应该是中年人的课题，虽然现实中大家觉得与这个目标还有很远的距离，甚至十万八千里。但无论差距多大，压力多大，都不要疑惑，都要立得住，扛起来。

借危修机。中年人职场有三座大山：第一座山，如果你非常能干，是业务骨干，那么领导就会不断地压担子，结果往往是喘不过气来，但是因为有上升的预期在，所以希望着、忍耐着；第二座山，如果不能干，那就会被靠边站，甚至被"毕业"走人。这时候，重新找工作呢，年龄大了，没人要。再加上前面说的工业革命、人工智能快速发展，职场更多是年轻人的天下。年轻人变成中年人之后该怎么办？确实是难啊！第三座山，一看年纪不小了，事业就这样了，认识到一辈子能当多大官儿、挣多大钱基本上是个定数，所以开始信命，这倒是没错，我也信命，但是却丢掉了一个字儿："运"。"命"和"运"加起来才是完整的命运。"命"是定量，"运"是变量，是运作，是积极能动性，是我们反复所提到的"天行健，君子以自强不息"中的"健"和"强"。所以中年职场虽然说是危机重重，但危中有机，是谓危机。上帝在关上一扇门的时候，往往会打开一扇窗。我们要认识到有危就有机，换个角度看问题，就可能发现有别的机会。当然，生活中也是一样，上有老下有小，这是责任，也是压力，更是修行，努力做，才有收获，尤其是心之所得。

身心柔软。成人的世界光怪陆离，有点魔幻，有时候崩溃就在一瞬间。我们大多数人都有体会，有时候就在刹那间，世间突然变得黑暗，一切的美好都不存在了。如果没有体会过，那肯定听说过、看到过，短视频上也刷到过。比如，有"路怒"，比如狂奔，比如只想静静，比如痛哭。我一个互联网大厂的朋友，在某天晚上一点半，发了个朋友圈，说："加班后到家，大哭一场。这是初恋失败后的第一次痛哭。"更糟糕的，还有因为一点小事想不开而选择自杀。这种崩溃，是释放，是再生，但更需调整，治未病之病。如何调整：

一是从感性上放松。不要太理性了，要活得适度感性些。理性为刚，感性为柔。至刚易折，所以要做到刚柔相济。我经常觉得，70年代的人理性过强了，使命感过强了，社会责任感过强了，如果没有一个奋斗目标，就惶惶不可终日。这是优点，是优势，毫无疑问，但从某种意义上说，缺乏柔的精神，缺乏给自己放假的勇气，所以难免有说不出的痛苦。有一种说法，你的失败往往是因为你过去成功的经验，仿佛有点道理，慢慢体会。有一首老歌，刘德华唱的，叫《男人哭吧不是罪》，歌词很好，这里不便全转，仅录几句慢慢体会："无形的压力压得我好累，开始觉得呼吸有一点难为。开始慢慢卸下防卫，慢慢后悔慢慢流泪。男人哭吧哭吧哭吧不是罪。再强的人也有权利去疲惫。微笑背后若只剩心碎。做人何必撑得那么狼狈。男人哭吧哭吧哭吧不是罪。尝尝阔别已久眼泪的滋味。"

二是从简单中寻找快乐。淫雨霏霏，我们就容易忧郁感伤；阳光明媚，我们就容易心情欢畅。我们是谁？其实我们仅仅是大自然的一粒微尘，不要自我膨胀，不要唯我独尊，而是要发挥主观能动性，积极去追求天人合一，道法自然。看到花开，我们心生芳香。古人有一句话：一屋不扫何以扫天下？我倒觉得，应该把问号改为叹号。当我们闷闷不乐的时候，就从打扫房间开始，把不用的东西清理掉，窗明几净，这时候你会发现精神在得到滋养。其实，人生的幸福和意义，就在这份清爽明亮中再推进一步，就是明心见性。"身是菩提树，心如明镜台；

时时勤拂拭，莫使惹尘埃。"从小事做起，简单明了，豁然开朗。

三是从根本上实现超越。什么是根本？那就是往大了想，何为大者？生死为大。遇到小事儿，放在大格局里来看，那就不叫事儿了，就过去了。但这还不究竟，更高的是要转换视角，同样一个事儿，不同角度看，感受完全不同。佛家讲，烦恼即菩提，讲不二法门，讲无挂碍，这都是心法妙法。《缘觉经》中讲："一切障碍即究竟觉，得念失念无非解脱，成法破法皆名涅槃，智慧愚痴通为般若。"在《坛经》中，六祖慧能大师说得更生动："一念思量，名为变化。思量恶事，化为地狱，思量善事，化为天堂；毒害化为龙蛇，慈悲化为菩萨；智慧化为上界，愚痴化为下方。自行变化甚多，迷人不能省觉，念念起恶，长行恶道；回一念善，智慧即生。"

"大丈夫能屈能伸"，我们从小被这样教育，确是真理。可惜，究竟能有多少人做到了？这里蕴含着我们传统文化很多精髓。这句话本身就出自《易·系辞下》："尺蠖之屈，以求信也；龙蛇之蛰，以存身也。"大丈夫能屈能伸，是通俗表达。这里面包含三点启发：一是身体要柔软，能屈能伸，该低头就低头，该匍匐前进时候就不要昂首阔步。第二，心态要柔软，能屈能伸，没有胯下之辱，韩信可以成功？第三，能屈能伸的背后，是为了做一名大丈夫，大丈夫是何物？大丈夫是英雄，是一种精神。

近百年来，我们主动学习西方，在我们成长的过程中，更多的是接受西方教育，从幼儿园到博士毕业，学科设置到教学内容，在职场上，强调目标管理、结果导向，无论是 KPI 还是 OKR，所有这些都更多的是线性思维，是 1 加 1 要等于 2。而现实却并非如此，地球是圆的，宇宙是无形的，生活是多样的，人性是复杂善变的，如何践行？不要在一棵树上吊死。老祖宗的智慧不能丢，要学会柔性。尤其是人到了中年，知识、阅历、智慧都有了一定的积累，需要一次化学反应，需要一次华丽转身。学会太极思维、柔性思维、柔性管理，非线性考虑问题，知道曲径可通幽，善于耐心等待，善于在放下中坚守。硬扛不是成熟，该服就服，形式低头，但精神倔强。记住，过于着急，过于执着，动作容易变形，身心容易变脆。这个意思，前文也曾说过的。

人老不以筋骨为能，修炼智慧之心

岁月如梭，白驹过隙。转眼我们都会老去。感觉很快，快得让人恋恋不舍，快得让人不知如何应对。

幸好，杨绛先生这句话也许能够给我们带来些许安慰："人生，一岁有一岁的味道，一站有一站的风景，你的年龄应该成为你生命的勋章而不是你伤感的理由。"

但毕竟身体衰老是个不可逆转的自然现象、自然过程。网上有一篇文章，题目是《国人健康大数据触目惊心，家庭生命质量管理成趋势，需求迫在眉睫》，文章说：

由权威营销咨询机构光华博思特发布的《中国人健康大数据》可以看出，我国的健康大数据不容乐观！

数据中显示，有70%的中国人有过劳死的风险，76%的中国白领处于亚健康状态，20%的中国人患慢性病，其死亡率占86%；中年人死亡的原因中，心脑血管病占22%。此外，高血压人口有2.7亿人，血脂异常的有1.6亿人，糖尿病患者达到9240万人，超重或者肥胖症患者约2亿人，脂肪肝患者约1.2亿人。平均10秒，就有一个人罹患癌症，平均30秒就有一个人罹患糖尿病，平均30秒，至少有一个人死于心血管疾病。

更令人心惊的是，这些曾经被认为是"老年病"的疾病，正在呈年轻化的趋势发展。曾有数据显示，在35~46岁死于心脑血管疾病的人中，中国人占据22%，美国人占据12%。70后、80后已成为癌症青睐对象，一项保险行业的数据显示：重疾平均索赔年龄为42岁！中国社科院《人才发展报告》中显示，如果不注意调整亚健康状态，不久的将来，2/3的人会死于心脑血管疾病。

这些数据的权威性、真实性以及问题的严重性可能需要进一步研究，商家用来贩卖焦虑的可能性也是有的，但是这些数据确实从某种程度上反映出健康问题不容忽视。

说到健康问题，不得不说我们老祖宗的高超智慧，两千多年前的《黄帝内经》在开篇素问"上古天真论"中，就对人生身体的节奏变化做了精准的描述：

帝曰：人年老而无子者，材力尽邪？将天数然也？

岐伯曰：女子七岁肾气盛，齿更发长。

二七而天癸至，任脉通，太冲脉盛，月事以时下，故有子。

三七肾气平均，故真牙生而长极。

四七筋骨坚，发长极，身体盛壮。

五七阳明脉衰，面始焦，发始堕。

六七三阳脉衰于上，面皆焦，发始白。

七七任脉虚，太冲脉衰少，天癸竭，地道不通，故形坏而无子也。

丈夫八岁肾气实，发长齿更长。

二八肾气盛，天癸至，精气溢泻，阴阳和，故能有子。

三八肾气平均，筋骨劲强，故真牙生而长极。

四八筋骨隆盛，肌肉满壮。

五八肾气衰，发堕齿槁。

六八阳气衰竭于上，面焦，发鬓斑白。

七八肝气衰，筋不能动。

八八天癸竭，精少，肾脏衰，形体皆极，则齿发去。

老祖宗说得多么明白，女生是四七28岁时筋骨坚、发长极、身体盛壮，到五七35岁，开始阳明脉衰，面始焦，发始堕。男生是三八24岁筋骨劲强，四八32岁筋骨隆盛，肌肉满壮，五八40岁肾气衰，发堕齿槁；六八48岁阳气衰竭于上，面焦，发鬓斑白。几千年来，毫无改变，明明白白的规律。

所以，什么年龄段，就干什么年龄段的事情，这个节奏乱了，错位了，要么事倍功半，要么有损健康。人过了四五十岁，体力自然不如当年勇，所以逼着我们要做调整。

现在的时代，因为互联网的兴旺发达，搞得大家几乎24小时待命，年轻人加班熬夜是太平常不过的事情了。但是普遍健康出了问题，年纪还不到，头发少了，白了。现在的年轻人，不少人的筋骨比较脆弱。这和生活方式有很大关系。我们的父辈体力劳动较多，筋骨经常得到锻炼，户外活动时间长，虽然"面朝黄土背朝天"，但是能够接受足够的日照，阳气升发，濡养筋骨，"阳气者，柔则养筋，精则养神"，无论是精神状态还是筋骨的强壮程度，其实都比现在的年轻人要好。现在的工作和生活方式，其实是非常不符合人体生理特点的。长期伏案用电脑工作，身体每天保持一个姿势好几个小时，筋骨得不到活动，会变得逐渐僵硬，最常见的表现就是颈椎、腰椎的不适，颈肩肌肉僵硬，腰肌劳损。

面对这些生命自然变化和社会生产生活方式的变化，我们可能无力改变环境，我们能做的就是不断调整自我，以和年龄、身体变化相匹配。

虚静稳行。虚者，外在要谦虚，内在要务虚。我们经常说：一瓶不响，半瓶晃荡。人过半百，有了一定的阅历、经验、地位、财富，说实话，是可以偶尔小骄傲一下的，但是千万不要到处炫耀。在易经八八六十四卦中，只有谦卦是有吉无凶。"满招损，谦受益，时乃天道。"①对内，要更多追求"天命"，有多少人到了 50 知道"天命"了？所以得抓紧了，真正搞清楚自己一生的使命是啥，让自己不疑惑为什么要来世上走此一遭。我们之所以要奋斗，除了为能够得到更多"身外之物"这些"实的"以外，别忘了，更重要的是为了要追求"虚的"，其中最重要的一条是努力成为君子。复旦大学王德峰教授讲得好，他说："孔子那句话说得好，'不知命无以为君子'。儒家是相信命的。为什么不知命无以为君子呢？不知命你就把一生的主要精力都统统交给了追求富贵这件事情，就不可能去做君子。做君子就是确立人生的意义，就是

---

① 先秦《尚书·大禹谟》。

滋养心灵，以便我们在各种处境当中，无论是贫贱还是富贵，我们都活出生命的意义来，这叫君子。"

静者，降低欲望，守静笃，简约生活，弃武从文，戒定生慧，本起清静。心态要平和，波澜不惊，不攀比、不依附、不盲流（盲目随波逐流），虽然做不到小时候就学习过的"不以物喜不以己悲"，但是要有点那个意思了。要培养点雅好，但雅而不贪，量力而行，不被牵着鼻子走。苏轼的弟弟苏辙在《上皇帝书》中说过一句话："心不可乱，则利至而必知，害至而必察。"

稳者，稳重，老成持重，办事稳健。到了一定年龄了，到了一定级别了，大小也是个领导了，要稳当些，走路要稳，说话要稳，不要怀念年轻人的那股机灵劲儿。哪怕不是领导，也要稳些，有些成熟的味道和魅力。老话说，嘴上没毛办事儿不牢。现在满嘴毛了，甚至有些开始变白了，更得牢靠些。还有，不要有赌徒心理，年纪大了，赌不起，尤其是坚决不能触碰法纪底线，好不容易活了大半辈子，积累了点"一世英名"，经不起失败。再者，赌也不是智慧的表现。

我本科刚毕业时，到苏州某个乡镇挂职镇长助理。一个镇领导说：见过不少大领导，说话都慢条斯理的，感觉有些不灵光。当时 20 出头，太年轻，也不懂个中原因，后来理解了，那叫稳重，其实领导心里跟明镜似的。2023 年《长安三千里》热映，你看李白那"轻舟已过万重山"的豪迈，满是快感，是很爽，但正因为心醉意于此，所以他当不了领导，成不了政治家。当然，如果李白人情世故啥都能来，他也就不是李白了。世界少一批政治家、少一批将军，没啥大不了，但少一个李白，将大大不同了。世界上只有一个李白，我们是学不来的。

新华社 2023 年 10 月 13 日有一篇报道，题目是《落马贪官吃早餐不舍得加鸡蛋，贪的钱竟去干这事……》，报道的主角叫王正强，曾任贵州省分析测试研究院党委书记、院长，贵州科学院科技与经济战略研究中心主任等职务。2023 年 1 月，王正强被开除党籍、开除公职；2023 年 7 月，被判处有期徒刑 6 年，并处罚金 50 万元。文中描述了其堕落的过程，是很好的反面教材。

沉迷古玩，借"雅"消愁被"雅"噬

"在工作上没有了追求，便弄些假古董装点门面，搞些假文雅、假斯文……"王正强交代，在他的历程中，起决定性作用的是沉迷于古玩。自认为仕途无望后，他开始沉迷于接受请吃和收受礼品，并结交了一群爱好古玩的朋友，开始跟着购买、收藏古玩，以此消磨时光，寻求精神寄托。在听到古玩界"张三""李四"靠着"捡漏"发家致富的诸多传闻后，王正强在购买收藏古玩上便一发不可收拾，整天梦想着能"捡大漏"而一夜暴富。

"我占有欲极强，喜欢的东西就想方设法去获取，得不到就寝食难安。玩了古玩后，我感觉钱不够花了，整天想的是怎么才能买到这些瓶瓶罐罐……"在欲望的驱使下，王正强开始收受下属的红包礼金，随着"入不敷出"，他便把主意打到公款和项目工程、人事安排上来，自此开启了"一路向钱"的不归途。

此时的王正强，对古玩迷恋已经到了失去理智的地步，每天除了上班就是研究古玩。上班期间也念念不忘，一下班马上奔赴古玩市场，甚至长年安排单位公车帮其运送古玩，其违纪违法所得也大多用于购买古玩。由于买到的"古玩"大多是仿制品，他更加不甘心，梦想着有一天捡到一个"大漏"，拍出一个天价，把花出去的钱连本带利赚回来。在赌徒心理驱使下，王正强在收受贿赂、贪污侵占时更加肆无忌惮，在他居住的家中，不仅床头边、案板前摆满了古玩，甚至其名下的另 3 处房屋内均堆满了古玩，为此还经常与家人发生争吵。"自己玩物丧志，最终把自己的家弄成了 3 个'破烂'收集地，堆的全是一些仿制品、假古董。"王正强懊悔地说。

"我平时生活是很俭朴的，10 多元一件的背心，批发 10 件能穿好几年；吃早餐时一个鸡蛋都舍不得加，我贪污受贿那么多钱，买那么多的瓶瓶罐罐干什么？"回忆起自己被瓶瓶罐罐绊倒、并将背负罪名终老的一生，王正强痛哭流涕，但人生没有如果。

抓大放小。这些年来，流行一个词汇："断舍离"。2019 年，该词入选国家语言资源监测与研究中心发布的"2019 年度十大网络用语"。"断舍离"是一种生活态度，就是把那些不必需、不合适、过时的东西统统断绝、舍弃，并切断对它们的眷恋，以此过上简单清爽的生活。日本杂物整理咨询师山下英子在其著作《断舍离》一书中说："不管东西有多贵，有多稀有，能够按照自己是否需要来判断的人才够强大，能够放开执念，人才能更有自信。"也有人说，"断舍离"是关于选择和决断的思维方式，主张立足当下自我，践行新陈代谢式美学思维。此言不差，有道理。

职场人老，实属必然，也需要断舍离，用体制内常用的语言，就是要抓大放小。什么是大事儿，生命、生活、职场中最重要的事儿，大道、大善、正确的事儿，小者，当下和未来不怎么重要的事儿，当然在过去可能也是重要的事儿，是大事儿。大和小，是相对的概念，是在特定历史时空下的判断。以此渐修，方会顿悟。具体抓什么，放什么？仁者见仁，智者见智。本人觉得有以下几点可供参考。

一是抓尽好本分之大，放不切实际之小。人到 50 多岁了，能当多大的官，能挣多大的钱，基本已定，要保持"敢教日月换新天"的豪情，但不要再追求不切实际的大富大贵了。把心态和成就感定位于踏踏实实做好本职工作，这比较实际，比较幸福。要干点事业。为挣钱，为当官，干的工作不是事业，至少不是内心深处的事业。要为自己做个设定，从人生的长度，从社会的广度来考量，啥是事业。也许经过思考，你干的还是同样的工作，但认识角度变了。如同"扫地僧"一样，扫地成了修行的法门，我们工作的状态就会不一样，工作起来就不会觉得辛苦。

二是抓趋势规律之大，放细枝末节之小。五十知天命。作为职场人，五十也要能够把握职场之"天命"，把下属的马屁之词，什么"登高望远"，什么"高瞻远瞩"等都变成真实的行动，把握行业发展趋势，把握职场的大规律、大底线，走大道，不要在"奇技淫巧""投机赌博"上花心思。还有，在对下属的管理上，不要婆婆妈妈，敢于放手，不要被琐碎日常事务缠住身心，反而一叶障目不见泰山。要登泰山，一览众山小。

三是抓家庭和睦之大，放无效社交之小。工作是为了生活，当然，体制内的工作，更多是为了让大家更好生活。对个人而言，家庭永远是最重要的。四五十岁时候，家庭也正好是爬坡过坎的时候，上下左右都需要照顾。所以要多把时间放在家庭上。要减少无效社交，是好朋友的，早已是好朋友，多年不见，仍然如此。这时候的社交，更多是资源交换、利益交换，当然，这也是工作和生活需要的，也没办法，但要提高效率，既然是利益之交，那就开门见山、直奔主题、干净利索，不需要酝酿太久的感情。

四是抓经典著作之大，放无稽之谈之小。当今时代，用信息爆炸来形容恐怕都不够了。现在是信息炮弹的碎片漫天飞舞、遮天蔽日，我们早已遍体鳞伤了。尤其是自媒体的发达崛起，传递了大量无聊的信息，耗费了人们大量的时间、生命，扰乱了人们精神思想的清明。所以，要看新闻，还是要多看主流媒体、官方媒体的新闻；要看书，还是要看经典著作，尤其是流传千年的智慧之作，尤其是要读原著。"吃别人嚼过的馍不香"。生命划过得很快，耽误不起。现在不少人会遇到睡眠问题，往往是因为受太多商家贩卖的焦虑信息毒害的结果。对付大多数失眠症，最简单的方法就是，晚上八九点钟，上交手机，断网关灯，意想着天空，心数着星星，坚持几天试试看，绝对有效果。

薪火相传。中国人尤其注重传承。老话讲"不孝有三，无后为大"，这是生命的传承。还有"耕读传家"，这是生活生产方式的传承。那么在职场中，等我们五六十岁了，快退休了的时候，我们要传承点啥呢？能留下点啥呢？这是个值得思考的问题，也是一个很有意义的事儿。不然，退休走人后，你挣的钱你带走了，不具有流动性，你曾经行使的权力，组织交给别人了，也不具有流动性。人走了，别说茶凉了，就连放茶杯的地方都没有了。这个地方没有了你一丁点儿的痕迹，好像从来没有来过一样，一片虚无。岂不凄凄凉凉？我觉得作为职场老人，到了这个年龄段，多数人大小也是个领导了，至少有四样东西可以传承，需要我们注意总结梳理：

一是成功经验。驰骋职场几十年，肯定有不少宝贵的成功心得，我们要毫无保留地告诉你的下属、你的兵和你接触到的职场年轻人，相信对他们是有所启发的。有人可能说，咱不算是成功人士，临退休了也没混个一官半职，也没挣个百万千万的，其实，能顺利退休本身就是一种成功，有多少人中途"折戟沉沙"，有的挂了，有的进去了，他们有的挣钱很多，官职很高，又如何呢？与他们相比，我们已经很成功了。

二是失败教训。俗话说"失败乃成功之母"，表面有成功经验，背后必然也会有失败教训，至少咱看到的、听到的别人的失败教训还是有不少的。有过失败，再正常不过了，世界本来就是如此。而这些，往往可能更为宝贵，对年轻同志来说更有借鉴价值。有句话说得好：成功经验很难复制，但失败教训必须避免。

三是工作方法。各行各业都有自己的道，还有与人打交道的共道，这都是规律，弄懂悟透不容易，能够依道而行更不容易。前文分析过领导的含义，领之，导之。作为老领导，要多总结领导之法，多总结工作之法、职场之法，上升到方法论的高度，授之以渔。

四是精神口碑。"雁过留声，人过留名。"人品、精神、作风，是我们留下的最为宝贵的东西，同事们能在背后说你是个好人，那是最高的评价。这也是自我修养的最高的追求，也是辛辛苦苦工作几十年而未被职场异化的最好证明。

总之，这种薪火相传，就是另一种带队伍。等我们老了，思想还在流传，口碑还在流传，还有学生、门生、故旧偶尔来看看你，请您吃个饭喝个小酒，叙叙旧，吹吹牛，岂不美哉！当然，有人会说，孟子老人家在《孟子·离娄上》中说了："人之患，在好为人师。"不错，这里的重点我觉得是在"好"字上面，这提醒我们要注意态度，是真心为了别人好，而不是为了显摆自己老资格。想想看，孟子老人家不也是人师嘛，而且还被世人尊为亚圣。"立德、立功、立言"是我们中国人的不朽追求。虽然我们水平不一定有多么高，但是我们一直在努力。这是一种精神。

第十一章　挑战自我，回头是岸

放在国民经济社会发展的视野里，人是资源，是重要的市场要素、生产力要素，开个玩笑讲，是"以人为本儿"。当然正是因为我们坚持"全心全意为人民服务"的宗旨，坚持"以人民为中心的发展理念"，从大逻辑上把儿化音的"儿"去掉了，实现了闭环平衡。但具体到现实的场景，"以人为本儿"恰恰是不少人的思维定式。当我们辛劳一天，身心疲惫，身居斗室，不自觉地倚窗而立眺望星空的时候，开始发现：原来不对，人应该是在职场之上。我们每个人要把"以人为本儿"的"儿"字删掉，变成"以人为本"。

我们一辈子的追求，用一个词来概括，无非是"安身立命"，生活有着落，精神有寄托而已。该成语出自宋·释道原《景德传灯录》第十卷："僧问：'学人不据地时如何？'师云：'汝向甚么处安身立命？'"古文言文不同断句内涵不同，此处"不据地时"可以理解成不站在地上的时候，也可以理解成不依托于空间和时间，后者是我的突发奇想，但于当下有启发。把这段对话反过来，何以安身立命？据于地，据于时。地者，空间、位置、赛道、行业、职位等；时者，生命节奏、时机当下、能上能下等等。总之，我们在特定的时空中生存发展，在身心内外皆为变量中安身立命。地也好，时也好，我们在前面都有论述了，它们可能更多地属于身外之物。所以，要从根本上探讨明白职场问题，我们就要认识一下自己，因为职场中遇到的绝大多数问题都来自人自己。"成者为王，败者为寇。"这是外在的标准。从人生的终点来审视人生的过程，从浩瀚宇宙来审视人的存在，成功的根本标准不是外在的，而是内在的。

所以，回头是岸。

与自己的关系：挑战

前面讲了内卷，其中有三个重点，分别是与领导的关系，与同事的关系，与下属的关系。根本上还有一条，就是与自己的关系，关键词是：挑战，让自己看清自己，守住底线，努力实现精神境界的跃升。

从求学开始，我们一路竞争拼杀，勇毅前行，耳畔的旋律一直是向前、向前、向前，而向前是没有止境的，为了可能浮现的每一道风景，比如出人头地，比如升官发财，甚至纸醉金迷，什么黄金屋，什么颜如玉，等等，我们挥洒汗水，充满激情，有过辉煌，有过遗憾，但它终究没有是"无涯"的，有的只是不断地因物而喜，依人而忧，为己而悲，是价值外化标准的线性前行。一路走来，会很累，最后会发现，一切会归于空寂。

2022年中国科学院心理研究所国民心理健康评估发展中心对青少年、高校学生、成年职业人群三类群体总计172559人的调查，形成了心理健康蓝皮书《中国国民心理健康发展报告（2021—2022）》。报告显示：

青少年、高校学生、成年职业人员均有约一半的人感到自己找到了生活意义。其中青少年有49.1%的人处于拥有人生意义的状态，而有38%的人处于迷茫状态；高校学生有46.7%的人处于拥有人生意义的状态，有40%的人处于迷茫的状态；成年人有62.3%的人处于拥有人生意义的状态，而有36%的人处于迷茫状态。

报告指出，人生意义感的两个维度（拥有和寻求）均与空虚和抑郁呈现负相关，即当一个人感到自己的人生拥有意义时，抑郁、空虚等负面情绪体验常常处于较低水平，而当一个人在寻找自己的人生意义时，空虚和抑郁等负面体验也可能较低，人生意义的寻求和拥有可能对个体的心理健康有一定的保护作用。①

---

①《国民心理健康报告：人生意义感是对抗抑郁和空虚的良药》https://baijiahao.baidu.com/s?id=1774466192486469963&wfr=spider&for=pc.

我是谁？这可能是人区别于动物才会发出的天问。上面报告这句话措辞非常好，非常有启发："人生意义感的两个维度（拥有和寻求）"，是要拥有一些东西，还要去寻求。

我们拥有眼耳鼻舌身意，所有我们追求色声香味触法，我们的心可能是前尘缘影。"聚缘内摇，趣外奔逸，昏扰扰相"①。当我们去寻求，开始做减法的时候，剥开洋葱，一片，一片，核心处，原来一无所有。此刻我们双眼噙满了泪水。

淡化：名利权情

过去，"君子喻于义，小人喻于利"，对于名利权情之类，君子是羞于启齿的。但现实中，尤其是在当今市场经济发达、自媒体发达的现实中，许多人很高调，仿佛人生的唯一目的就是搞钱、搞钱，还是搞钱，追名逐利，人人都试图拼尽全力去追求实现一个个"小目标"。调查数据显示②，有近七成的受访青年认同"人间清醒，'搞钱'要紧"（66.96%）的观点，支持者认为"搞钱"

---

① 《楞严经》卷二。《佛经十三经》，第134页，中华书局。
② 《我国青年群体竞争心态调查报告（2023）》，来源：《国家治理》2023年10月上 作者：人民智库，http://www.rmlt.cn/2023/1017/685284.shtml.

听上去直白、率真、坦诚，直抵当下年轻人生活中最根本、最现实的关切。

说实话，努力搞钱，这无可厚非，至少是因为真实、不虚伪，这是人的本性之一，也是激发社会发展的重要动力之一，只是不要被其奴役，被其异化，要知其所止，方能享其善。

我们来看看古人的有关精彩论述。比如《孟子·告子章句上·第四节》，告子曰："食色，性也。仁，内也，非外也；义，外也，非内也。"其中的"食色性也"这句，估计是所有中国人都知道的，也是津津乐道的，也是我们很好的挡箭牌。这也没错。我的理解，食色性这三个字是并列关系，更是递进关系。所谓并列关系，就是食、色、性是同时并存的，当然这个性不是狭隘的男女两性的性，而是明心见性的性。想一想，一个人，无论男女老少，无论在什么情况下，都要吃饭，即所谓食也；都要追求丰富多彩，包括爱情、性爱，即所谓色也；都有人性、灵性、神性，都有四心（恻隐之心、羞恶之心、辞让之心和是非之心。出自《孟子·公孙丑上》。孟子认为这四心是人与生俱来的品质，也是孟子性善论的基础），以此区别于动物。如果说，食色是人身上的动物性，是兽性，那么人身上还有明心见性之性，姑且称之为神性吧。由此不难理解，很多王子、帝王最后要出家，因为食色问题已经解决、已经超越，他要有更高的追求，最典型的就是释迦牟尼。本来好好的王子不当，将来的国王不当，却要去苦行修炼，最后成佛。而这，恰恰是值得我们深思的。我们中国也有许许多多这样的高人。宋代诗人陈普创作的一首七言绝句《孟子·食色性也》，也表达了这样的意思："食色虽然人固有，原於形气所由根。苟徒即此名为性，太极之真已弗存。"关于高大上的这一方面，这里先打住，下文详析。

再回到"食色性也"。与之异曲同工的，还有一种进一步细化的表述，叫名利权情，也是人一生的基本追求，但是，知其止则善，很爽，过则烦恼无穷，甚至毁灭人生。有一首散曲《山坡羊·十不足》，非常生动地描述了这种状态变化。其作者是明宗室郑恭王朱厚烷之子朱载堉（1536—1611），他早年从舅父何塘习天文及律历之学。后因皇族内讧，父获罪而下狱，因悲痛于父亲无罪而遭禁锢，遂筑土室宫门外，放弃王子生活独居十九年，钻研乐律、数学、历学。其父复爵后，虽以世子身份重入王宫，仍潜心学术。父死后，不承袭爵位，而以著述终身。著有《乐律全书》《律吕融通》等，其散曲编成《醒世词》。朱载堉的《山坡羊·十不足》，是这样写的：

终日奔忙只为饥，才得有食又思衣。（食也）
置下绫罗身上穿，抬头又嫌房屋低。（色也）
盖下高楼并大厦，床前却少美貌妻。（色也）

娇妻美妾都娶下，又虑出门没马骑。（色也，权也）

将钱买下高头马，马前马后少跟随。（权也）

家人招下十数个，有钱没势被人欺。（权也）

一铨铨到知县位，又说官小职位卑。（权也）

一攀攀到阁老位，每日思想要登基。（权也）

一日南面坐天下，又想神仙来下棋。（性也）

洞宾陪他把棋下，又问哪是上天梯。（性也）（该回头了，亢龙有悔）

上天梯子未坐下，阎王发牌鬼来催。（悔也）

若非此人大限到，上到天上还嫌低。（悔也）①

这个"十不足"，何其生动，何其真实，何其振聋发聩。

何谓名利？名位、利禄，名声与利益。无人不知，无人不晓，无人不求。名利一词出自《尹文子·大道上》："故曰礼义成君子，君子未必须礼义，名利治小人，小人不可无名利。"韩愈《复志赋》："惟名利之都府兮，羌众人之所驰。"所以，一方面古圣贤教导"君子喻于义，小人喻于利"，也感慨"天下熙熙，皆为利来；天下攘攘，皆为利往。"当然，对多数人、普通大众来说，利益是更重要的。利有时候就是他的命。多数情况是，仓廪实、衣食足而后求名。当今职场就是名利场。"无恒产而有

———
①后面括号中内容是作者加的。

恒心者，惟士为能"。

什么是"权"？权，从木从雚，衡器。本意：黄花木，因其坚硬、难以变形，被用于秤之杆、锤之柄、挂之杖。引申：衡器。比如我们经常说权衡、权力、权利、权势、权变，等等。我们这里说的名利权情的权，主要是指权力。那什么是权力呢？现代社会的解释往往把权力定位成社会学词汇，"百度"上说，权力是"人与人之间的一种特殊影响力，是一些人对另一些人造成他所希望和预定影响的能力，或者是一个人或许多人的行为使另一个人或其他许多人的行为发生改变的一种关系"。我觉得，光对人讲权力，范围有点窄了。可以简单来说，权力就是支配关系，是对人、对事、对物的支配关系。如果一个人手中有权力，那么他就可以从这种支配关系中获得收益，获得快感，获得优越感。这也正是人们容易陶醉于权力魅力的根本原因。所以，从古至今，官本位、权力本位思想都很严重。苏东坡乌台诗案后被贬黄州，差点丧命。艰难时刻，让他高兴的是朝云为他生下一子，在孩子满月举行"洗儿礼"的时候，苏东坡写下了这首《洗儿诗》："人皆养子望聪明，我被聪明误一生。惟愿孩儿愚且鲁，无灾无难到公卿。"想一想看，自己都经历了那么多，其希望还是让孩子未来要当那个"公卿"，而且是在不聪明的情况下还能当上那个"公卿"，这岂不成了权力世袭？当然东坡先生本意可能并不如此，也许是我们解读过度了。还有自称奉旨填词的柳永柳三变，在其《鹤冲天》一词中唱道："黄金榜上，偶失龙头望。明代暂遗贤，如何向？未遂风云便，争不恣狂荡，何须论得丧。才子词人，自是白衣卿相。"都顶尖词人了，还得拿"卿相"来做评价标准。当然，在古代也没有更多的选择，无可厚非了。再举一个国外的例子，不少人都听说过的。英国前首相丘吉尔有句流传甚广的名言："权力就像春药，使人年轻"。说此话时，丘吉尔已经80多岁了，确实是人生真感真言。所以也不难理解，美国的1946年生人的特朗普，1942年生人的拜登，至今为什么还那么有活力。

什么是情？古人说得好："无情何必生斯世，有好终须累此身。"一个情字儿，根本的也是基础的就是男女性情、爱欲。在《圆觉经》里，世尊告弥勒菩萨言："一切众生从无始际，由有种种恩爱贪欲，故有轮回，若诸世界一切种性，卵生、胎生、湿生、化生，皆因淫欲而正性命，当知轮回，爱为根本，由有诸欲助发爱性，是故能令生死相续，欲因爱生，命因欲有，众生爱命，还依欲本，爱欲为因，爱命为果，由于欲境，起诸违顺，境背爱心而生憎嫉，造种种业。"① 别说50来岁了的男人了，就是八九十岁了还想"扶我起来试试"，哈哈哈，是段子，

_____

① 中华经典普及文库《佛教十三经》，第50页。

但也是实情。要不然，男人的审美标准一直没变：年轻漂亮；女人的审美标准则相对多元化：有实力，高富帅，现在还流行"小鲜肉"。"男人靠征服世界征服女人，女人靠征服男人征服世界"。有点意思，别不承认。

由此情衍生开来的是我们经常说的七情六欲。七情者：《礼记》上是喜、怒、哀、惧、爱、恶、欲。六欲：佛教指色欲、形貌欲、威仪姿态欲、言语音声欲、细滑欲、人相欲，泛指人的各种欲望。关于七情六欲虽然有不同的解读概括，但都大同小异，它往往和名利权相互激荡、相互强化。

名利权情，四者之间可能有着相互生成的奇妙关系，比如名表面上是虚的，但可以由虚化实。当下流量经济时代，讲究人设、引流、打造 IP，然后转换变现，就是活生生的例子。所以在多数情况下，名是为了利。当然，古今中外许多伟大的人物，他们并不追求名利，但结果可能是名利双收，他们追求的是仁、是义，名利是副产品。我们古人对仁义、名利是有区分的。所以我们很震撼，感动于杀身成仁、舍生取义者，所以这种精神流芳千古。这才是真正的风流人物。他们是我们学习的榜样，但不是讨论的重点。芸芸众生，不可能都成为大人物。再比如"权"，那更是不得了了，如果没有监督制衡，它可以上天入地无所不能，要名有名，要利得利，要情则自然多情，你看看中纪委公布的那些大小贪官，有几个是没有权色交易的。然而，权力的魅力背后往往是魔力，多少人为此银锴入狱自毁人生。权力也有大小，更能勾起人无止境的贪欲，造就莫名其妙的烦恼。据我观察，如果想不开看不透，那么副处长当不上处长的痛苦，和副部长当不上部长的痛苦，是一样一样的。这不是假话、臆测的话，是我真实看到的现象。

总之，名利权情自身没啥错，是我们必经的修行课题，我们不反对、不抗拒，可追求，但把握好度，不贪不淫。最后看我们能考多少分吧。但要知道，零分不是最低分，有人是要得负分的。此刻，我想到了两位思想家的话：

"钱财不积则贪者忧，权势不尤则夸者悲，势物之徒乐变……驰其形性，潜之万物，终身不返，悲夫！"（《庄子·徐无鬼》）意思是，贪婪的人忧心钱财积累得不多，虚夸的人伤心权势影响得不大，追逐权力的人乐于时局的变动，以期从中谋利。放纵身心，沉溺于无尽的横流物欲，终身不知返回本性，可悲呀！

"破山中贼易，破心中贼难。""坐中静，破焦虑之贼；舍中得，破欲望之贼；事上练，破犹豫之贼。三贼皆破，则万事可成。"（王阳明《传习录》）

追求：大道为公

无中能生有，是一件很奇妙的事情。人生的起点是什么？尽头是什么？以我们凡胎肉眼来看：都是无。那么在无中如何生成妙有呢？不同的大家给出了不同的解读。孔子老人家说："不知生，焉知死？"而佛家讲：不知死，焉知生？所以从某种意义上说，儒家是紧紧盯着如何生来明确死的意义。如司马迁在史记《报任安书》中感叹的："人固有一死，或重于泰山，或轻于鸿毛。"佛家对生来何处、死去哪里研究明白了之后，告诉我们，那是一个轮回，要想来生到更高层次，必须把当下做好，广种福田、积德行善、福慧双修。儒家、佛家都是把那点事儿看明白了的，所教导我们的方向也是殊途同归，回头是岸，紧要的是当下的努力、当下的奋斗、当下的修行。我上大学的时候，对中国传统文化了解不深，人生感悟更少，反而是对西方有些哲学著作接触较多，比如尼采。尼采宣布上帝死了，人生的价值就是做个超人，超人是什么呢？超人就是大地的意义。因为本来没有意义，所以我们不要仰望彼岸的上帝，要在脚下的大地上创造一种价值。但是，超人也有小的时候、老的时候，所以才有了尼采所说的精神的三种变形：首先是骆驼，承载、承载，再承载，承载社会、传统灌输给你的使命任务和价值观；其次是狮子，做铁锤思考，打破固化价值，对一切价值重估；然后是婴孩，一个自转的轮，平静的心态，清澈的眼神，认可一切存在，存在即合理。这时候，我们可能会想到《道德经》，想到老子说："含德之厚，比于赤子。"

关于这个重大问题的追问是无止境的，也许意义就在追问本身吧，"我思故我在"。但有一点是非常清楚明确的，那就是所有回答都趋向于一种伟大（记得在本书开篇讲工作是修行道场的时候讲过，因为重要，此处再赘述一遍）。比如儒家讲，要格物、致知、诚意、正心、修身、齐家、治国、平天下，为实现大同世界而努力奋斗。其中张载这句话最为提气："为天地立心，为生民立命，为往圣继绝学，为万世开太平。"道家讲天人合一，道法自然，替天行道。道是啥，道就是苍生的福祉。佛家讲自度度人，普度众生。马克思讲"如果我们选择了最能为人类而工作的职业，那么，重担就不能把我们压倒，因为这是为大家作出的牺牲；那时我们所享受的就不是可怜的、有限的、自私的乐趣，我们的幸福将属于千百万人，我们的事业将悄然无声地存在下去，但是它会永远发挥作用，而面对我们的骨灰，高尚的人们将洒下热泪。"我们共产党人讲全心全意为人民服务，要"自信自强、守正创新、踔厉奋发、勇毅前行，为全面建设社会主义现代化国家、全面推进中华民族伟大复兴而团结奋斗"。这些都是最洪亮的回答，真理的回答，构成了人类生命追求的底蕴和最高境界。

再进一步，降低一个维度，对于个人而言，人生是一场关于生命层次提升的大修行。在《论语》里，孔子老人家说："吾十有五而志于学，三十而立，四十而不惑，五十而知天命，六十而耳顺，七十而从心所欲，不逾矩。"这句话凡是中国人都耳熟能详，也是中国人努力追求的人生递进式生涯状态。很清楚，里面没有说当多大官、挣多少钱的事儿，也没有说创多大业、造多大排场的事儿。孔子老人家所说的都是自身的生命感受，这才是最最重要的，是向内求，是自我的修行，只有这些才能沉淀为真正的生命价值。无独有偶，佛家也强调向内求，而向外求则被斥为外道。道家也如此。《庄子·内篇·养生主》中有一段话，也值得认真体味："吾生也有涯，而知也无涯。以有涯随无涯，殆已！已而为知者，殆而已矣！为善无近名，为恶无近刑，缘督以为经，可以保身，可以全生，可以养亲，可以尽年。"我们共产党人继承古今中外伟大智慧，守正创新，更为伟大，正如习近平总书记说的："'不私，而天下自公。'我们党没有任何自己特殊的利益，这是我们党敢于自我革命的勇气之源、底气所在。"①

关于这个问题的讨论，也可以无止境地进行下去，这里不是终点，不再深入，但却是一个重要的起点，是如何更好看清职场底层真理性逻辑的起点。要明白，不一定非得身居高位才能行善为公，扫地也是为人民服务，关键是心底里的认知、状态。如此，心里轻松，身体不累，

① 《习近平著作选读》第二卷《以史为鉴、开创未来，埋头苦干、勇毅前行》。

充满激情，有点成就感。

回归：美感与灵性

如果说人的生活有两条线，第一条线，追求大道为公，光辉灿烂，彰显人文精神。那么，第二条线，就是实实在在，展现人生百态，吃喝拉撒睡，酒肉穿肠过，争名逐利，整日瞎忙但不亦乐乎。这是多数人的生活，市井烟火气。这两条线，一明，一暗，一主，一辅，交相震荡，演绎出时喜时悲时无趣的丰富人生。应了《易经》里的一句经典的话："一阴一阳之谓道，继之者善也，成之者性也。"随着年龄、阅历的增长，这两条线激荡合一，我们就会顿悟于心安理得、当下自在，开始能够进入审美的存在，进入灵性的生活。

美，让人愉悦，让人镇静，能够抚平创伤。如果说，职场和人生不得不遭遇各种挑战和困境，不得不在挣扎中去坚持和成长，那么，一颗审美的心，一双审美的眼睛，能够让我们化悲痛为力量，能够让我们心胸更宽广。回顾职场，回顾生涯，如同欣赏一幅长卷中国画："在卷收与展放间，正配合着中国对时间与空间的认识。时间可以静止、停留，可以一刹那被固定，似乎是永恒，但又不可避免地在一个由左向右的逝去规则中。我们的视觉经验，在浏览中，经历了时间的逝去、新生，有繁华，有幻灭，有不可追回的感伤，也有时时展现的新的兴奋与惊讶。"[1] 著名美学家、作家蒋勋先生如是说。

他还说："因为美，我们便可以继续前行。""美之于自己，就像是一种信仰一样，而我用布道的心情传播对美的感动。"

其实，我们也是一样在行动，只是还需要进一步自觉，需要开启人人皆备的"上帝视角"。

美是什么？不好定义，每个人在不同阶段感受不同。但是，可以试着去分析感受。第一是精神之美。有夸父逐日，愚公移山，明知不可为而为之的抗争精神，有"对酒当歌，人生几何？"的追问精神，有尼采所言的狄奥尼索斯酒神的悲剧精神。第二是智慧之美。思想轴心时代，老子、孔子、释迦牟尼、苏格拉底、柏拉图、亚里士多德等群星闪耀，共同塑造了此后 2000 多年人类的心灵，实现了人类文明的"突破"和人性的整体飞跃。第三是风景之美。锦绣山河，风景如画，可以"极目楚天舒"，可以"感时花溅泪"，还有"落霞与孤鹜齐飞，秋水共长天一色"。第四是人情之美。比如千古爱情传奇、英雄传说，比如至情至性的各类故事，"赠予玫瑰手自留香"等等各类感动。第五是文化之美。诗词歌赋，书法绘画，戏曲说唱，在文字铺排、线条流动、色彩浓淡、抑扬顿

---

① 蒋勋《美的沉思》，湖南美术出版社，第 205 页。

挫之间，满是华章。第六是器物之美。可触摸绫罗绸缎之丝滑，把玩文房清玩之雅趣，还有当下时人的各种爱好，比如收藏古董，比如建筑豪宅，比如盘玩手串等各色文玩，比如追求名牌（名牌产品往往是把物品美做到了极致）等等。

美，不胜枚举。因为，赏其美者，有一颗富有灵性的心。

我们熟知，在 20 世纪 50 年代，马斯洛在其著作《动机与人格》中提出影响广泛而深远的需求层次理论，即人有五个层次的需求：生理需求、安全需求、社交需求、尊重需求和自我实现。然而马斯洛到晚年的时候，他对原来的理论做了修订，补充了"天人合一""灵性成长""高峰体验"的第六层次需求，有人评价说：这是一个革命性的发展。这个评价很到位。其实，马斯洛原先的五层次需求理论，每个层次中都有客体的存在，并有作为主体的人对客体的依赖倾向，而修订后的第六层次，则直接回到人自身。而这个方向，恰恰在我们老祖宗那里早已开辟。这就是人生的第三条路线，老子、庄子，逍遥之游，还有佛家的"以无所得故，菩提萨埵，依般若波罗蜜多故，心无挂碍，无挂碍故，无有恐怖，远离颠倒梦想，究竟涅槃"。但这不是消极，而是以"无"的态度，做"有"的事业，以出世的态度，做入世的事业。

这种美感，这种灵性，是明了了"兴亡如脆柳，身世类虚舟"^①之后的放松，其外在表现往往是诗酒田园。正如南怀瑾老师说的："佛为心，道为骨，儒为表，大度看世界。技在手，能在身，思在脑，从容过生活。三千年读史，不外功名利禄；九万里悟道，终归诗酒田园。"从古至今有不少清醒者，或隐居自得其乐，如陶渊明者，《桃花源记》至今仍让人魂牵梦绕；或放浪形骸，如"竹林七贤"的肆意酣畅，还有唐伯虎的《桃花庵歌》，虽然不如陶渊明彻底，但读起来也很过瘾。

桃花庵歌

桃花坞里桃花庵，桃花庵里桃花仙。

桃花仙人种桃树，又摘桃花卖酒钱。

酒醒只在花前坐，酒醉还来花下眠。

半醒半醉日复日，花落花开年复年。

但愿老死花酒间，不愿鞠躬车马前。

车尘马足富者趣，酒盏花枝贫者缘。

若将富贵比贫贱，一在平地一在天。

若将贫贱比车马，他得驱驰我得闲。

别人笑我太疯癫，我笑他人看不穿。

不见五陵豪杰墓，无花无酒锄作田。

---

① 《水浒传》引首词。

还有清朝张潮《幽梦影》中的一句话："有地上之山水，有画上之山水，有梦中之山水，有胸中之山水。地上者，妙在丘壑深邃；画上者，妙在笔墨淋漓；梦中者，妙在景象变幻；胸中者，妙在位置自如。"①

胸中自如，实在是妙。

当我们退出职场的时候，回首凝望，成功也好，失败也罢，一片茫茫然。这时候，我们开始关注养生，希望活得健康、长寿。可能开始了解中医，也许有幸能读到中医的至高经典：《黄帝内经》。素手开卷，《上古天真论》映入眼帘，短短1000余字，却勾起了过去种种，原来老祖宗在这儿等着我们，老祖宗早就洞察了一切。感慨万千。

黄帝曰：余闻上古有真人者，提挈天地，把握阴阳，呼吸精气，独立守神，肌肉若一，故能寿敝天地，无有终时，此其道生。

中古之时，有至人者，淳德全道，和于阴阳，调于四时，去世离俗，积精全神，游行天地之间，视听八达之外，此盖益其寿命而强者也，亦归于真人。

其次有圣人者，处天地之和，从八风之理，适嗜欲于世俗之间。无恚嗔之心，行不欲离于世，被服章，举

---

① 清·张潮：《幽梦影》，江苏凤凰科技出版社，第92页。

不欲观于俗，外不劳形于事，内无思想之患，以恬愉为务，以自得为功，形体不敝，精神不散，亦可以百数。

其次有贤人者，法则天地，象似日月，辨列星辰，逆从阴阳，分别四时，将从上古合同于道，亦可使益寿而有极时。

真人，至人，圣人，贤人，一个个光芒四射，亮瞎了我们的眼睛。最伟大的是，老祖宗还告诉了我们如何去修成真人、至人、圣人、贤人。《黄帝内经》不仅仅是治病救人教人长寿的书，它是中华文化中华文明的精髓，是综合解决属人的问题，只不过重点侧重养生罢了。比如《灵兰秘典论篇第八》讲道："心者，君主之官也，神明出焉。肺者，相傅之官，治节出焉。肝者，将军之官，谋虑出焉。胆者，中正之官，决断出焉。膻中者，臣使之官，喜乐出焉。脾胃者，仓廪之官，五味出焉。大肠者，传道之官，变化出焉。小肠者，受盛之官，化物出焉。肾者，作强之官，伎巧出焉。三焦者，决渎之官，水道出焉。膀胱者，州都之官，津液藏焉，气化则能出矣。凡此十二官者，不得相失也。"这不就是一套完整的国家治理体系吗？古人的养生概念，是养在身体、养在精神、养在行为，不是我们现在讲的拿个保温杯，泡点人参、枸杞的概念，养生的生，不光是这个身体，而是人的一生，养生就是人的一生应该如何更好地度过。不然为什么要提到如何修炼成真人、至人、圣人、贤人呢？这些标准和修炼路径，对我们是很好的启发和指导。比如要"适嗜欲于世俗之间"，"外不劳形于事，内无思想之患，以恬愉为务，以自得为功，形体不敝，精神不散"，多么经典、精彩。这可不光是文字之美，这个思想可能是上天的暗示，不然，古人怎么能够看到经络？有一种说法，我很赞同，说《易经》是大数据算法，有道理。《易经》卦辞句句不同，又很难找到内在逻辑，但就是牛，就是准，传承几千年来，依然如此。《黄帝内经》也是如此。

反过来看，从职场退休后的角度，从人生之戏快要散场的角度，倒过来看，职场那点儿事儿反而不叫事儿，稍微搞搞就好了嘛，开开心心的。

现在许多疾病越来越年轻化了，值得警惕，和职场有关。中医文化专家曲黎敏讲过一段话，直截了当：

凡大病必与情志有关，长期情志不遂、欲而不得，就会积累成大病。所以真正的养生是养人生格局、养人生情怀。总有人问我，干嘛要讲《诗经》？其实《诗经》听久了，人心会有大沉静，会明白热爱和欢乐才是养护生命的正能量。讲《诗经》，是给你讲养生命的祛病大道，可人非要哭着喊着去求肝肾代谢不掉的药！①

---

① 知医 | 曲黎敏：活得通透是疗愈的前提。https://www.sohu.com/a/717207021_121124793.

　　是的，职场与我们人生相伴时间最长，少则三十年，多则四五十年，职场是我们养生的道场，职场成功，要养格局、养情怀。

第十二章　诗意栖居

佛经里"般若"我们不好翻译，勉强理解为智慧，而智慧，我们在现实中更多地偏重理性，尤其是工具理性，比如怎样更好地提升学习成绩，怎样更好地获取竞争优势，怎样更好地获取名利权情，工具，除了工具，还是工具。

智慧远不限于此，不限于器物层面，功利层面。而，般若又远不限于智慧。

职场是人生的修道场。修行过程中，我们不要忘了目标。

"如人以手指月示人，彼人因指，当应看月，若复观指，以为月体，此人岂唯亡失月轮，亦亡其指。"①

我们的目标是什么？脚踏实地，仰望星空，过审美的生活，幸福的生活，智慧的生活，灵性的生活，诗意的生活。

林语堂有一句很经典的话："诗歌为中国人的宗教。"我觉得甚为深刻。

---

① 《楞严经》，卷二。《佛教十三经》，第134页，中华书局出版。

中国文化对彼岸世界的事情是敬而远之的，孔子老人家说："敬鬼神而远之。"所以，我们的文化从生活的点点滴滴开始，我们的寄托就在当下，用诗来美化、来提升，以此慰藉心灵、通达神明，所以我们有《诗经》，以"经"来定位诗歌，开篇就是"关关雎鸠，在河之洲，窈窕淑女，君子好逑"，多么生活化，但很美，"思无邪"也。转眼 2500 多年过去了，诗歌依然是中国人真善美的精神家园。有人说，诗太高大上。非也。大家都知道"打油诗"。为啥叫打油诗呢？中唐时期有个人叫张打油，其诗别具一格，以俚语俗话入诗，不讲平仄对仗，此后此类所谓"不能登大雅之堂"的诗被称为打油诗。诗不一定非得全是阳春白雪，下里巴人也是生活，这里同样蕴含着一种可贵的精神，那就是赞美生活，在生活中发现美感创造美感。这岂不是很治愈？岂不是治疗当代职场焦虑症的良方吗？

虽然现实往往不那么尽如人意，不够美好，但我们要有一颗诗心，用诗意来提升生活的滋味，也是一种智慧。诗，蕴含文字般若。你看，我们中华民族很独特，用诗歌来抒发情感，用诗歌来探讨哲学问题（比如，张若虚的《春江花月夜》）、探讨人生意义，用诗歌来贴近神秘的世界，值得细细品味。

说到诗，此刻我想到了海子的"面朝大海，春暖花开"。这首诗虽然写于 1989 年，今天读起来，仍然那么温暖：

从明天起，做一个幸福的人

喂马，劈柴，周游世界

从明天起，关心粮食和蔬菜

我有一所房子，面朝大海，春暖花开

从明天起，和每一个亲人通信

告诉他们我的幸福

那幸福的闪电告诉我的

我将告诉每一个人

给每一条河每一座山取一个温暖的名字

陌生人，我也为你祝福

愿你有一个灿烂的前程

愿你有情人终成眷属

愿你在尘世获得幸福

我只愿面朝大海，春暖花开

职场中焦虑的人啊，这好像仍然是我们的向往。

多读几遍，感觉好像是我们自己写的一样。

所以，要想办法努力诗意栖居，栖居在这个地球上，这块热土上，这纷纷扰扰的职场上。

诗意栖居，不一定非要去写诗不可，诗意是一种心境。当然，能动动笔墨，写那么两句，感受又有不同。前面说了，文字般若，文字是有魅力的，大家不妨试试。

我呢，是比较幸运的。有幸认识一位广东老哥。10

多年前，老哥经常会通过短信发些诗作给我。说实话，当时的我根本体会不到其中滋味，还是人生阅历不够，太年轻啊！每次回复老哥："好""两个字很好"。自己都觉得尴尬。后来，我也受其熏陶启发，自己也学着写，老哥为了鼓励我，还专门赠送了两本中华书局出版的诗词入门书籍：一本是《诗词写作常识》，一本是《怎样赏诗》。后来，竟然喜欢上了，自己也买了一堆相关的书，边学边比画，竟然也能写了。这个过程，很有意思：第一阶段是模仿，做到形式上过得去，看着很整齐。第二阶段，开始讲究规矩，什么平平仄仄仄仄平，什么平声、上声、去声，尽量认真去研究。第三阶段，开始不讲规矩了，想表达啥，就表达啥，想怎么表达就怎么表达，自己过瘾了再说。差不多一半的作品，都是晚上喝完小酒，趁着酒劲儿在出租车上写的。

这次写这本书，突然灵光一现，正好可以把过去写的一小部分诗放进书里，仿佛也相得益彰。书的前十一章讲理，过于逻辑，过于枯燥，是一个整体，算作正餐，而第十二章，搞些长短句，也可算作餐后甜点，或者茶余饭后唠嗑的瓜子儿，也是另一种滋味。而且，这些诗有不少也是本人直接的真实的职场感受，也算题中应有之义吧。比如《三重游》，主要写的是机关工作境界之体悟：机关工作境界有三重，即由奉领导之命、为稻粱之谋，上升到解民众之苦、得良知所安，再升华到循天地大道、行天下为公。大多数小诗背后都有一个独特的背景、一个独特的故事，鉴于不便直接表达（不如意事常八九，可与人言无二三），所以含蓄地升华成这些长短句。读者如有共鸣，甚为欣慰。

下面，以时间倒序方式，列举部分小诗。

雨后

雨后池涨小荷仙，
悠闲寡欲大自然。
不知谁人清风里，
投足轻轻蜗牛边。

【注释】

雨后路上蜗牛甚多，要小心。

2023.7.12

参

花丛虚座，
清风无尘。
一路一灯一隐月，
有树静心参天真。

2023.4.15

谁

谁，
在说法，

花，
悟了，
万紫千红。

2023. 3. 30

如此

把酒笑大风，
天地一心生。
月色略孤寂，
老茶香正浓。
如此从容。

2023. 1. 29

天地

站在高楼，
窗外，
天地玄黄。

2023. 1. 4

随意

风来，

风去，

不见所来，

不知所去，

花啊，

静静地开落。

风来，

香清宙宇。

风去，

种子隐地。

不惊，

不怖，

随意。

2021.5.8

轻安

走在春天里，

花香悠然，

若有若无，

影子，匍匐在大地。

时长时短，

风起，花飞，

右绕三匝，

微尘，

一隅轻安。

2021.4.7

眼看着

眼看着，

花开了，

眼看着，

花落了。

头上，多了几根白发，

大地和心田，

草色渐浓，

连成一片。

2021.3.19

心起

云是云，
月是月，
望眼复忘言，
心起缠绵。

2021. 2. 27

梦

夜深了，
酒醒了，
我看不到星星，
其实，
它并不遥远。
是什么？
一个梦，
遮住了我的眼……

2021. 2. 13

果花

今日果去年花，
寒风残雪小径，
有人呆望红尘，
夕阳斜。

2021. 1. 19

人间事

朝阳宿酒向天真，
绿树秋风池影深。
不求甚解人间事，
微尘何需拂拭尘？

2020. 9. 18

鱼说

夜来秋池雨，
晨兴听鱼说。
似懂非懂意，
一尾荡清波。

2020. 9. 15

寂

夕阳无限，

鸟儿呼朋引伴，

桑果落了一地。

2020.5.26

北漂神京

北漂神京，

荡思寰宇，

烈酒须倾，

芳华飒爽秋点兵。

二十余载，

风云几度，

红尘堪玩，

虚荣难阻双鬓星。

对镜知老，

道心愈清，

眠云跂石，

一怀流霞一壶茗。

【注释】

跂石：垂足坐于石上。

2020.4.17

书生

书生老去，

征鸿万里，

江山如画凭栏意。

幽诗烈酒，

西风寰宇，

长啸一声　空碧。

2019.12.19

岂曰

岂曰无依，

百花竞放皆禅机。

岂曰路歧，

清流婉转崇山移。

岂曰难及，

金刚志坚自为梯，

253

万物初心归一。

2019.4.4

春来

今日春来，
明朝花谢，
人间闲客，
一销万古愁。
宇宙洪荒，
四时兴化，
余习烈酒，
复复少年游。
翠柳清风，
流霞堪醉，
江湖险乐，
一笑作渡舟。

2019.3.7

西湖晨语

千里南下客，

雨后沐清风。

此归霜鬓染，

山河更从容。

夜来秋虫语，

情柔一湖中。

游人心指月，

云行万里空。

好梦好到醒，

宴坐日升东。

2018.9.23

看花

看花听水喝茶，

春光轻掩雾霾瑕。

忘却凡心尘绪，

悠悠

看花听水喝茶。

2018.4.1

茶

酒乃神仙爱，

茶是我知音。

红炉迎朝日，

青樽送暮云。

万山新春意，

一叶老翁心。

愁来书空寄，

空来不问津。

且行且自饮，

淡淡我与君。

【注】

1.万山新春意：来自不同山头的春茶带着不同的气息。

2.书空：①用手指在空中虚画字形。唐李公佐《谢小娥传》："余遂请齐公书于纸。乃凭槛书空，凝思默虑。"②雁在空中成列而飞，其行如字。宋赵师侠《菩萨蛮·春陵迎阳亭》："残角起江城，书空征雁横。"

2018.2.7

偶听老歌

偶听老歌，

知华年蹉跎。

无言无语，

任寒风扣窗过。

心匪转石，

白头泛清波。

一杯寂寥，

春来风景空多。

【注】心匪转石：《国风•邶风•柏舟》"我心匪石，不可转也。我心匪席，不可卷也。威仪棣棣，不可选也。"

2018.1.18

四十可恣意

神霄饰云月，

鬓丝憎清辉。

四十可恣意，

吾道岂叹非？

幽窗千里目，

朝日缓缓归。

【注释】

吾道非：《孔子家语•在厄》记载：楚昭王聘孔子，孔子往，陈蔡发兵围之，子曰："《诗》云：'匪兕匪虎，率彼旷野。'吾道非乎，奚为至于此？"

2018.1.17

观电影《芳华》

忧心殷殷又一年，
芳华观后复多言。
人人清扬妙曼舞，
几多欢笑泪潸潸。
最是刘郎默默处，
萧萧瑟瑟拨心弦。
不慕他人投生好，
不怨时势造悲艰。
纯粹一生无长物，
真情实性即心安。
岂曰公平是天道，
飙尘从来不惧渊。

【注释】

1.忧心殷殷：见《诗经•邶风•北门》。

2.飙尘：《古诗十九首·今日良宴会》"人生寄一世，奄忽若飙尘"。

2017.12.31

十七年

十七年，

谁谓漫漫？

昨日芳华，

今天白发。

十七年，

谁谓碌碌？

三五规划，

篇篇章华。

十七年，

谁谓落落？

有友有茶，

风雨冬夏。

再来十七年，

何惧颠簸，

有你有他，

童心老辣！

【注释】

从事教育培训工作十七年，转岗感怀。

2017.12.27

看云

过客闲坐痴看云，

空花万态千里曛。

与风随顺相来去，

聚散悠悠几笑颦。

痛极清泪化冰雨，

开怀任撒一片金。

巫山秦岭登高处，

怜问何人抚孤琴。

惯看古今多少事，

一洗凡尘天地心。

【注释】

秦岭：韩愈诗"云横秦岭家何在，雪拥蓝关马不前"。

2017.8.29

淄博幻梦

夜宿临淄望星空,

幻今梦古沐齐风。

五霸峥嵘春秋月,

华夏一相世代称。

稷门遥叹旧时阔,

百家争鸣开鸿蒙。

三月不知肉滋味,

闻韶处处凤凰声。

千乘孝子感天地,

因果福报民心增。

聊斋纵思一笑骂,

多情狐仙暖书灯。

滔滔不绝故事汇,

如痴如醉更复更。

无始流转妄思议,

一壶老茶细细烹。

【注释】

淄博公干,终日宅居,网览齐韵,"姑妄言之姑听之"。

1. 临淄:淄博古称。

2. 华夏一相:管仲。

3.稷门遥叹旧时阔，百家争鸣开鸿蒙：稷下学宫，始建于齐桓公，位于齐国国都临淄稷门附近，是世界上第一所由官方举办、私家主持的特殊形式的高等学府。其兴盛时期曾容纳了当时"诸子百家"中的几乎各个学派，在中国文化发展史上树起了一座丰碑，开创了百家争鸣的一代新风，促成了中国历史上第一次思想大解放、学术文化大繁荣黄金时代的到来；同时，稷下学宫开启了秦汉文化发展之源，对秦汉以后文化的发展与繁荣产生了深远影响。

4.三月不知肉滋味，闻韶处处凤凰声：《论语•述而》："子在齐闻韶，三月不知肉味"。传说在虞舜时期，有一种叫做"韶"的乐舞，又称"箫韶"或"韶箫"。因韶乐有九章，故亦名"九韶"。1995年在齐国故城内发现了古琴减字谱《箫韶九成•凤凰来仪》。

5.千乘孝子感天地，因果福报民心生：董永，西汉千乘人（今淄博市高青县高苑古城）。其孝行感人，故民间创造了其与七仙女的美妙传说。

6.聊斋纵思一笑骂，多情狐仙暖书灯：蒲松龄为淄博人。老舍评价蒲氏"鬼狐有性格，笑骂成文章"。

7.无始流转妄思议：《圆觉经》："一切诸众生，皆由执我爱，无始妄流转，未除四种相，不得成菩提。"

2017.8.22

海潮音

独立渤海滨，
澹澹水相亲。
当空烈烈日，

宿昔悠悠心。

惊叹万重浪，

升华一片云。

劳尘无踪迹，

天地有胸襟。

风助清梦远，

一夜海潮音。

2017.7.16

昂首

昂首天地间，

山河畅然，

清茶一杯万古闲。

昂首日月间，

光阴荏苒，

浊酒一碗无梦眠。

昂首生死间，

红尘滚滚，

小诗一首开心颜。

2017.4.29

笔起笔落

千古巴渝梦已酣，

清辉入帘客影三。

一茶品尽两江水，

笔起笔落万重山。

【注释】

在重庆加夜班写材料感怀。

1. 巴渝：重庆古称。

2. 两江：长江和嘉陵江交汇于朝天门。

3. 万重山：重庆山多，故有山城之谓。

2017.2.17

回首一望

车水马龙无相问，

华灯初上霾更浊。

长歌对酒难一醉，

回首一望心万波。

八荒纵横英雄少，

一世蹉跎文章多。

寒窗秋叶风迟暮，

归去来兮舞婆娑。

2016.11.4

浮客重阳

浮客浮生浮世行，
重阳重叹岁匆匆。
黄花浊酒高楼月，
红烛清茶低眉容。
风无挂碍身忘影，
人有深情心拒空。
慨然登高千里目，
可怜叶落万绪胸。
同感千古怆然泪，
从来秋深霜露浓。

【注释】

1.红烛：①红色蜡烛，代指灯光。②闻一多第一部诗作名《红烛》。

2.怆然泪：陈子昂《登幽州台歌》。

3.霜露：《礼记·祭义》："霜露既降，君子履之，必有凄怆之心，非其寒之谓也。"

2016.10.9

清秋

去年清秋，

今又清秋，

年年谁叹清秋。

花开叶落，

似曾相识，

原来风悠悠。

不驻双眉，

却留心宇，

岁月永无休，

苍天不可究。

2016.8.26

雨夜纯想

夜雨小窗横，

日月已歇征。

乾坤了无事，

纯想到三更。

空花落飞梦，

奈何起春风。

风飙无踪迹，

徒笑不眠翁。

昔年登高志，

今岁赏孤灯。

斗室悠悠趣，

长剑静静封。

笑问君何意？

应答有雷声。

2016.7.21

薄云冉冉

薄云冉冉聚又分，

夜深车喧不住闻。

肃肃宵征来去客，

月明风清帘下人。

熙熙攘攘古今叹，

清贫浊富一骑尘。

想它百年三万日，

非病即愁幻与真。

乾慧闲名皆朝露，

行正心安四季春。

何惧独立尘世界，

双脚踏地手扪参。

2016.7.17

万象存存

夜来孤灯共暑浓，

掩卷古今似相同。

疑销愁落心寂寂，

云起雷兴雨冲冲。

万壑清风新境界，

一湖明月出芙蓉。

大人先生啸若即，

谩嗟荣辱日已东。

朝朝暮暮乾坤事，

万象存存一杯中。

莫羡千年几醉客，

皆言遁世有神龙。

【注释】

1. 大人先生：阮籍《大人先生传》中大人先生的原型是"苏门先生"孙登。《世说新语》描写："籍尝于苏门山遇孙登与商略终古及柄神导气之术，登皆不应．籍因长啸而退，至半岭，闻有声若鸾凤之音，响乎岩谷，乃登之啸也。"阮籍顿悟，下山之后写了《大人先生传》。

2. 存存：《易·系辞上》："天地设位，而易行乎其中矣。成性存存，道义之门。"

2016.6.27

三峡雄阔

——端午祭屈原

三峡雄阔伟人生，
长剑花冠憔悴翁。
人穷呼天无应语，
诗成祭地有余声。
李白八笑眼前酒，
屈原独吟崖际风。
江海沉浮舟永济，
九天何惧泰山崩。

【注释】

1. 三峡：屈原出生地。

2. 人穷呼天：《史记·屈原贾生列传》："夫天者，人之始也；父母者，人之本也。人穷则反本，故劳苦倦极，未尝不呼天也；疾痛惨怛,未尝不呼父母也。屈原正道直行,竭忠尽智,以事其君,谗人间之,可谓穷矣。"

3. 李白八笑眼前酒:李白《笑歌行》重复八次"笑矣乎",其中有句"君爱身后名,我爱眼前酒。饮酒眼前乐,虚名何处有"。

4. 九天:天之极高处;屈原《九歌》《天问》。

5. 泰山崩:苏洵《权书·心术》:"为将之道,当先治心。泰山崩于前而色不变,麋鹿兴于左而目不瞬,然后可以制利害,可以待敌。"

2016.6.9

回母校感怀

二十年前离开母校河南温县一中,今日重回母校再拜恩师,思绪万千。谨以最纯净的初心,向母校致敬,向恩师致敬,向养育我的黄河太极家园致敬,向过去、向现在、向未来,致敬!

(一)壮哉——二十年

往事如烟在眼前,

风华正茂春风暖。

挑灯夜战共一志,

闻鸡起舞声震天。

岁月峥嵘何惧累,

情同手足苦化甜。

为得正果磨心性，

今日相逢众笑颜。

（二）谢哉——二十年

巍巍学府育英贤，

予我恩情万万千。

一草一花垂慈意，

一砖一瓦励志坚。

身传言教师若父，

鱼渔双授技超仙。

定有功德前世助，

今生铭感此恩缘。

（三）信哉——百千年

大人俯仰天地间，

极目苍穹向何边。

黄河千古神济济，

太极一式貌乾乾。

一中薪火传寰宇，

桃李天涯不等闲。

梦绕故园心意醉，

高歌嘹亮百千年。

【注释】

1.春风嫌：连春风都嫉妒、嫌恶我辈当前的青春年少、意气风发。

2.铭感：铭记在心，感戴不忘。

3.大人：德行高尚、志趣高远的人。《孟子·告子上》："从其大体为大人，从其小体为小人。"阮籍 《大人先生传》："夫大人者，乃与造物同体，天下并生，逍遥浮世与道俱成。"

4.俯仰天地：①《孟子·尽心上》："仰不愧于天，俯不怍于人。"②《兰亭集序》：夫人之相与，俯仰一世……

5.济济：整齐美好貌。《易经》有既济卦、未济卦。既济卦象征成功：此时功德完满，连柔小者都亨通顺利，有利于坚守正道。未济卦为六十四卦最后一卦，以未能渡过河为喻，阐明"物不可穷"的道理。

6.乾乾：①自强不息貌。《易经》之乾卦。《易·乾》："君子终日乾乾，夕惕若厉，无咎。"②敬慎貌。《文选·张衡·东都赋》："勤屡省，懋乾乾。"薛综 注："乾乾，敬也。"

2016.5.1

值班夜

寒夜孤灯风万吹，
镜台华发旧双眉。
梦中朝彻游飞雪，
妆罢山河仰笑回。

2016.1.17

品武夷野茶

友人唤我试新茶，
问茗无名山野家。
一品六神入阡陌，
再品气概荡谷峡。
三品雨恨云愁散，
四品柔情蜜意发。
盏盏不同空色语，
长辞娑婆成释迦。

2016. 10. 4

如是

念飞霄汉骋怀游，
唤醒清风画春秋。
云彩淡浓花寂落，
世情冷暖水空流。
不著红尘纷纷意，
只观沧海澹澹幽。
日月无心千古耀，

如是如是不须究。

2015. 12. 17

日暮天高

日暮天高飞鸟回，
独行默默枯树林。
天涯无眠共孤月，
倦客有情同此心。
万丈红尘妆寰宇，
一壶青叶淡古今。
惜昔壮志天难弃，
寒夜雄风古道新。

2015. 12. 10

真容

仰望千年树，
苍茫一世功。
风来云切切，
月去梦匆匆。

对越青天外，

常迷色蕴中。

不觉头住雪，

心镜照真容。

【注释】

1．对越：犹对扬，答谢颂扬。《诗•周颂•清庙》："济济多士，秉文之德；对越在天，骏奔走在庙。"

2．色蕴：总五根（谓眼、耳、鼻、舌、身根）五境（谓色、声、香、味、触境）等之有形物质，谓之色蕴。

3．心镜：清净之心。谓心净如明镜，能照万象，故称。

2015．11．19

西湖怅惋

平湖舟问月，

西子几时回？

饮尽黄藤酒，

重拨蜡炬灰。

天忧生风雨，

地念渺翠微。

不见垂柳动，

任听横笛吹。

自古钱塘客，

从来怅惋归。

2015.11.11

壶痴

痴人了却家国事，

月浅灯深化壶仙。

玉琮庄严通霄汉，

碧泉清爽漫世间。

欲乘飞凤凌云志，

又恋西施贯古娴。

春色万千收不尽，

石瓢畅饮井栏眠。

【注释】

玉琮、碧泉、飞凤、西施、石瓢、井栏皆为壶之名。其中，玉琮：
①一种内圆外方筒型玉器，是古代人们用于祭祀神祇的礼器；②紫
砂壶型，依玉琮之神形而作。

2015.10.17

梦醒涂诗

夜梦惆怅霾，

醒来独徘徊。

忆之雾茫茫，

析其怪哉哉。

未求荣华贵，

岂为斗米哀。

流年匆匆过，

黑发根根白。

浮世薄情意，

众生苦心斋。

胸藏莫明事，

涂诗强抒怀。

2015.10.7

水月帆

黄昏心意懒，

遥望旧曾谙。

秋雨歇犹舞，

游丝乱似烟。

风寒伴叶落，

酒烈和衣眠。

梦里幽怀寄，

江南水月帆。

2015. 9. 30

幻梦春华

小径高台向九天，

朝阳形遁又炊烟。

秋风孤影觉凉意，

小雨清怀忆壮颜。

垂柳依依柔水色，

长亭切切望山巅。

残花知尽飞蝶意，

幻梦春华再聚仙。

2015. 9. 18

慕先贤

长身玉立望星辰，

风雨激扬柏森森。

壮志千寻山海气，

低吟浅唱慕贤人。

【注释】

激扬：激浊扬清。语出《淮南子·墬形训》："阴阳相薄为雷，激扬为电。"

2015.9.7

小园

京南孤客立窗前，

八百晨明一小园。

鱼戏绿池浮潜进，

猫行白壁坐卧眠。

清风伤感别秋叶，

沸水开怀唤春尖。

净案新书闲笔墨，

彩云朵朵寄遥天。

【注释】

1. 小园：机关大院，有鱼塘，绿树成荫，风景秀丽。

2. 八百晨明：挂职锻炼两年又两个月吃住于小园。

3. 春尖：谷雨前采摘的茶叶，现多出现在普洱茶中。

2015.9.7

恣意登台

京南孤客凭栏望，

残酒瑶琴任渺茫。

大雁南飞九霄碧，

秋风西扫一片黄。

天空云寂思雷雨，

月冷人愁念子昂。

恣意登台歌一曲，

岂知句句满怀伤。

【注释】

子昂：陈子昂（约659～约700），其《登幽州台歌》传诵千古。

2015.8.27

北窗凉风

五黄六月骄阳嗔，

天地如窑万物噙。

行色匆匆来去客，

虚空渺渺沉浮云。

百世经纶万里路，

一卷冰雪阡陌心。

清泉荡漾思岩冷，

北窗凉风忆古今。

【注释】

1.一卷冰雪：冰雪空灵之气。明末清初张岱《一卷冰雪文序》："故知世间山川、云物、水火、草木、色声、香味，莫不有冰雪之气；其所以恣人挹取受用之不尽者，莫深于诗文。盖诗文只此数字，出高人之手，遂现空灵；一落凡夫俗子，便成臭腐。此期间真有差之毫厘，失之千里……"

2.岩冷：云南布朗族种茶始祖。

3.北窗凉风：陶渊明《与子俨等疏》"尝言五六月中北窗下卧，遇凉风暂至，自谓是羲皇上人"。

2015.8.11

谁

天地道迷离，

江湖浪劲催。

只见风云起，

未闻英雄回。

碣石千年叹，

夏日多惊雷。

俯仰同盛大，

悲夫谁谁谁。

【注释】

1. 碣石：曹操"东临碣石，以观沧海"。建安风骨之代表。
2. 俯仰同盛大：《兰亭集序》"仰观宇宙之大，俯察品类之盛"。

2015.8.5

雨后夜游

寻声窗外跳珠迎，

洒洒飘飘向晚晴。

残雨下楼叮咚响，

小虫藏草嗞嗞鸣。

风清气爽平心意，

色暗香幽沁性灵。

群鱼荷塘迷月影，

遥歌渺渺数星星。

2015.8.3

沙场

——乘坦克感怀

登高目极风骤起，

万里青秀洒巍峨。

隆隆战车震寰宇，

烈烈雄心贯山河。

书生岂为钱财惑，

猛士何惧生死择。

他日沙场相召唤，

横扫魔障拭金戈。

2015.7.30

黄山小品

迎客神松处处立，

悦心青鸟时时询。

回音壁边忆长啸，

飞来石下听细呻。

日月回环光明顶，

风霜无阻探景人。

一品黄山真幻梦，

三思红尘假浮云。

【注释】

1. 青鸟：①一种常见鸟类，类似麻雀大小的青蓝色小鸟。②神话传说中为西王母取食传信的神鸟。

2. 回音壁：黄山一景，面对石壁大声呼喊，回音响彻山谷，不绝于耳，故名"回音壁"。

3. 长啸：苏门长啸，《晋书·阮籍列传》《世说新语·栖逸》均有相关记载，阮籍尝于苏门山遇孙登（著名隐士，道教传说人物），与商略终古及栖神导气之术，登皆不应，籍因长啸而退。至半岭，闻有声若鸾凤之音，响乎岩谷，乃登之啸也。后以"苏门啸"指啸咏，亦喻高士的情趣，放歌长啸，傲然自得；行为旷达，不受世俗礼法拘束。

4. 飞来石：黄山一景。关于此石来历，传说诸多，最负盛名的传说之一为女娲补石说。传说女娲补天的时候多了两块石头落在了人间，一块就是红楼梦中贾宝玉出生时嘴里含的通灵宝玉，所以《红楼梦》也叫《石头记》。87版电视连续剧《红楼梦》片头出现的巨石即为黄山飞来石。观此巨石，耳畔不禁响起《枉凝眉》如泣如诉的呻吟。

2015.7.15

三重游

白云无常水东流，
风雨兼程三重游。
奉命戚戚稻粱计，
渡众诚诚良知修。
小我行地几十载，

大道循天万代秋。

莫向泰山鸿毛问，

微尘飘荡自驾舟。

【注释】

1.三重游：近年体悟，工作境界有三重，即由奉领导之命、为稻粱之谋，上升到解民众之苦、得良知所安，再升华到循天地大道、行天下为公。

2.戚戚：忧惧貌；忧伤貌。陶渊明《五柳先生传》："不戚戚于贫贱，不汲汲于富贵。"

3.泰山鸿毛：司马迁《报任少卿书》："人固有一死，或重于泰山，或轻于鸿毛，用之所趋异也。"

2015.7.8

背手独行

背手独行落日林，

高楼绝地迷渡津。

瓠得妙用凭人事，

剑舞豪情厌光阴。

风来徐徐摇绿柳，

路去漫漫锻红心。

梦追千载无何有，

天唤烟霞一古埙。

【注释】

1.瓠得妙用凭人事：庄子《逍遥游》：惠子谓庄子曰："魏王贻我大瓠之种，我树之成，而实五石。以盛水浆，其坚不能自举也。剖之以为瓢，则瓢落无所容。非不呺然大也，吾为其无用而掊之。"庄子曰："夫子固拙于用大矣。宋人有善为不龟手之药者，世世以洴澼絖为事。客闻之，请买其方百金。聚族而谋曰：'我世世为洴澼絖，不过数金，今一朝而鬻技百金，请与之。'客得之，以说吴王。越有难，吴王使之将，冬，与越人水战，大败越人。裂地而封之。能不龟手一也，或以封，或不免于洴澼絖，则所用之异也。今子有五石之瓠，何不虑以为大樽，而浮于江湖，而忧其瓠落无所容？则夫子犹有蓬之心也夫！"

2.无何有：无何有之乡，出自庄子《逍遥游》，指空无所有的地方；多用以指空洞而虚幻的境界或梦境，也用于逍遥自得的状态。

3.古埙：汉族特有的闭口吹奏乐器，大约有6000年历史。《旧唐书音乐志》："埙，立秋之音，万物熏黄也，埏土为之……"其声浊而喧喧然，幽深、哀婉、悲凄而绵绵不绝，更有一种神圣、典雅、神秘、高贵的精神气质。

2015.7.2

昏夜玄声

浊酒千杯散友朋，

孤灯昏夜起弦声。

怫郁慨慷广陵曲，

雷霆风雨任纵横。

嵇康一锤志如铁，

聂政十年琴始成。

仰望星空寻皓月，

悲歌壮怀破云层。

【注释】

1. 广陵曲：《广陵散》，古琴名曲，至少在汉代已出现。其内容向来说法不一，但一般的看法是将它与《聂政刺韩王》琴曲联系起来。蔡邕《琴操》记述：战国聂政的父亲为韩王铸剑，因延误日期而惨遭杀害。聂政立志为父亲报仇，入山学琴十年，终成绝技，名扬韩国。韩王召他进宫演奏，聂政终于实现了刺杀韩王的夙愿，自己毁容而死。后人根据这个故事，谱成琴曲，慷慨激昂，气势宏伟。今存《广陵散》曲谱，最早见于明代朱权编印的《神奇秘谱》，谱中有关于"刺韩"、"冲冠"、"发怒"、"报剑"等内容的分段小标题，所以古来琴曲家即把《广陵散》与《聂政刺韩王》看作是异曲同名。

2. 嵇康一锤志如铁：《文士传》里说嵇康"性绝巧，能锻铁"。《晋书·嵇康传》写道："康居贫，尝与向秀共锻于大树之下，以自赡给。"他在以打铁来表示自己的"远迈不群"和藐视世俗，这是其的精神特质的体现。后因得罪钟会，为其诬陷，而被司马昭处死，年仅三十九岁。行刑当日，抚一曲《广陵散》。曲毕，嵇康叹息道："《广陵散》于今绝矣！"

2015.6.25

一品江湖

——龙鼎壶品吟

闷暑望期风雨劲，

依栏偶窥紫砂灵。

神龙回首寻天意，

仙气升腾暖世情。

立鼎三足兴盛道，

清泉万态伴佳茗。

环铃纽盖轻作响，

一品江湖起伏平。

【注释】

1.龙鼎壶：紫砂壶型，将传统"龙"、"鼎"文化相结合，庄重大气、简洁润泽、风范古朴。

2.仙气升腾暖世情：仙气，壶中升起的茶气。古人多言人一走茶就凉，今世多悲人未走茶即凉。

3.立鼎三足兴盛道：自古就有得王鼎者得天下之说。黄帝鼎成，得道天下；大禹鼎成，四海攸同；商王成鼎，风调雨顺。

4.佳茗：苏轼《次韵曹辅寄壑源试焙新芽》有句："戏作小诗君勿笑，从来佳茗似佳人。"

5.环铃：龙鼎壶盖子上常用小环装饰。

2015.6.17

夜来孤坐

夜来孤坐陋屋闲，

追忆平生缈似烟。

酒至高潮愁意起，

茶涵妙趣慧林芊。

上善若水形无迹，

大道方圆气有仙。

琼露忘香谁与醉，

玉琮自赏月华天。

【注释】

1. 大道方圆："天圆地方"是中国文化的基石认知之一，由此衍生出众多文化价值观和礼仪准则。

2. 玉琮：紫砂壶型，依玉琮之神形而作。

2015.6.8

杭州神游

孤寂寒冬挥手去，

杭州山水已销魂。

雷峰悲怆昭日月，

保俶婉约暖乾坤。

烟柳舞媚西子畔，

落英荡思宦游人。

天开图画春风意，

沁我吟诵龙井村。

【注释】

1. 雷峰：为吴越王钱俶因黄妃得子建，初名"皇妃塔"因地建于雷峰，后人改称"雷峰塔"。当《白蛇传》中出现了雷峰塔后，一个悲怆的结局无可挽回地出现了。余秋雨说：雷峰塔只是一个归结性的造型，成为一个民族精神的怆然象征。

2. 保俶：保俶塔。

3. 荡思：涤除愁思。曹植《朔风》诗："弦歌荡思，谁与消忧？"

2015.3.27

露雨茶语

露雨禅茶意味浓，

漂泊旅客暂歇程。

岩中玉兔沏仙叶，

窗外飞鸽报惠风。

茗蕴满屋寻无色，

慧光启性赞有声。

三千世界天涯路，

一念春华落鬓蓬。

【注释】

1. 露雨禅茶：北京露雨轩禅茶院。

2. 岩中玉兔：岩中玉兔茶生长在海拔1256米的广东省梅州市大埔县西岩山麓岩缝中，传说每年清明时节，嫦娥定派其宠物玉兔下凡采摘此茶。

3. 茗蕴：①明代许次纾在《茶疏》中说："精茗蕴香，借水而发，无水不可与论茶也"。② 蕴，佛教语，分色蕴、受蕴、想蕴、行蕴、识蕴五种。

4. 启性：启发心性，明心见性。

5. 鬓蓬：鬓发。陆游《杂感》诗之五："啼莺惊断寻春梦，惆怅新霜点鬓蓬。"

2015. 3. 13

南风

——执湘妃竹毛笔遐思

南风抚素琴，

绚丽九重天。

四顾寻君影，

苍茫辨陌阡。

九嶷山漫漫，

双美泪涟涟。

幽怨湘江水，

霜凝笔墨间。

【注释】

1.南风抚素琴：《南风歌》为上古歌谣，相传为舜帝所作。《礼记·乐记》："昔者舜作五弦之琴以歌《南风》。"《史记·乐书》："舜歌《南风》而天下治，《南风》者，生长之音也。舜乐好之，乐与天地同，意得万国之欢心，故天下治也。"

2.九嶷山：又名苍梧山。位于湖南省南部永州市宁远县境内。《史记·五帝本纪》："舜南巡崩于苍梧之野，葬于江南九嶷。"

3.湘妃竹：舜帝晚年，九嶷山一带有孽龙作恶，为害百姓，舜帝毅然前往斩杀孽龙，崩葬九嶷。娥皇女英前往寻夫，悉舜帝崩殂噩耗，泪洒斑竹，死后化作山峰，与舜帝长相伴。故有"泪竹"或"湘妃竹"。湘妃墓前对联云："君妃二魄芳千古，山竹诸斑泪一人。"

2015.10.8

无眠

寒夜孤灯相适意，

无烦无乐未成眠。

细看窗外天将晓，

方恨光阴不等闲。

回望平生多少梦，

花开花落总相怜。

斜倚幻想春颜色，

哪怕欢娱淡若烟。

2014.12.24

高山茶思

高山流水意，

渭树江云情。

窗外寒风劲，

独酌月照茗。

【注释】渭树江云：杜甫《春日忆李白》："渭北春天树，江东日暮云。"渭北：渭水北岸，借指长安一带，当时杜甫在此地。江东：指今江苏省南部和浙江省北部一带，当时李白在此地。

2014.12.1

寒夜独步

清风欲摇新月影，

落叶期怜脚步轻。

衣敝更思春意暖，

回眸仰望北斗星。

293

【注释】

1.月影：①映于水中或隐约于云间的月亮影子。亦指月亮、月光。

②月下的影子。如李白的"对影成三人"。③意象解释，月之影，便是月的魂灵，是一种情愫，一种气韵。月是世人之镜，月影现人心。

2.北斗星：斗柄指东，天下皆春；指南，天下皆夏；指西，天下皆秋；指北，天下皆冬。

2014.11.25

望夜品茗

日落旅人闲，

灯华望夜寒。

清泉升素月，

仙叶起芳兰。

2014.11.5

心经西施壶

紫玉金砂丽质生，

泛泛五湖去无踪。

字字珠玑空五蕴，

叶嘉翘首一壶中。

【注释】

1. 紫玉金砂：紫砂。

2. 五湖：根据《史记河渠书集解》，五湖，湖名耳，实一湖，今太湖是也。范蠡辅佐越王勾践，灭吴后，功成身退，乘轻舟以隐于五湖。后因以"五湖"指隐遁之所。《越绝书》称，吴国亡后，西施复归范蠡，同泛五湖而去。

3. 叶嘉：这是苏轼所取的茶之专名、昵称。《苏轼文集》载此文，因《茶经》首句言："茶者，南方之嘉木也。"又因茶之用于世者主要在叶，故取茶别名为"叶嘉"并作《叶嘉传》。此传为古来颂茶散文名篇，用拟人手法，刻画了一位貌如削铁，志图挺立的清白自守之士，一心为民，一尘不染，如文中所言："风味恬淡，清白可爱，颇负盛名。有济世之才，虽羽知犹未评也。"为社稷黎民，"虽粉身碎骨"亦不辞也。这是茶别名最佳名号。

2013.7.15

对饮彩云边

叶落西风劲，

月圆孤灯寒。

六世可轮回，

青春刹那间。

欲乘清辉去，

对饮彩云边。

诗歌多寂寞，

茗醉化作仙。

2012.11.28

张家界

昼游张家界，

夜饮安化茶。

明朝乘风去，

微尘处处家。

2012.3.10

长沙行

春雨曼妙润湘江，

星城熙攘夜未央。

火宫殿里议国是，

一片臭干满室香。

【注释】

1. 星城：长沙别称。

2. 火宫殿：长沙著名特色景点，同时也是一家驰名中外的"中华老字号"企业，在这里可以吃到各种特色小吃。

3.臭干：臭干子，又名臭豆腐。1958年4月12日，毛泽东视察火宫殿，提出品尝臭豆腐，说"闻起来臭，吃起来香"。

2012.3.8

露雨品茗

清泉壶中落，

茶语浸芳芬。

佛音声声慢，

时光刹那飞。

空色皆可笑，

情物化慈悲。

独归觉寒意，

知秋亦有心。

2011.10.28

夜游泉城

乘酒登龙舟，

夜雨几多秋。

超然楼上望，

泺源堂中幽。

红女轻舞袖，

翠茗见凝眸。

娥英应闭月，

清泉径自流。

【注释】

1．超然楼：位于济南大明湖畔，始建于元代。

2．泺源堂：在趵突泉北岸，最早为娥英祠，祀舜之二妃娥皇、女英。

3．红女：红颜少女，此指穿红色衣服沏茶的女服务员。

4．翠茗见凝眸：《淮南子·说山训》："清之为明，杯水见眸子；浊之为暗，河水不见泰山。"

2011．9．13

断桥风月

——杭州西湖

茗烟妙曼西子畔，

苏堤白堤思圣贤。

断桥不断风和月，

桃花杨柳舞翩跹。

2011．3．23

偶感

日以继夜筹会忙，

文字江山苦煞肠。

神来之笔虽有喜，

书罢累卧月彷徨。

2011.1.10

露雨轩禅茶院

露雨风清茗云起，

佛音绕梁歌色空。

物累情愁千古事，

悠游涵泳碧波中。

【注释】

佛音绕梁：露雨轩禅茶院特色为佛家文化，播放佛教音乐。

2010.9.10